JN272979

追手門学院の自校教育

寺﨑昌男／梅村修〔監修〕

追手門学院大学出版会

目次

はじめに　建学の精神をかみしめる——追手門学院の自校教育　1

第1部　大学50周年記念事業「自校教育のいま」講演録……寺﨑昌男　9

基調講演「自校を知り、自分を見出し、未来を考える——『自校教育』のすすめ——」

第2部　学び論A「自校教育講座」の記録……梅村　修　33

1　学び論Aとは何か　34

2　自校史教育　37

3　自校教育　101

第3部　自校教育の教材作成について……山本直子　187
1　はじめに　188
2　教材づくり　189
3　おわりに　199
おわりに　自校教育の効用　201
追手門学院年譜　205（iv）
学び論A「自校教育講座」登壇者紹介　208（i）

はじめに

建学の精神をかみしめる——追手門学院の自校教育

梅村　修

追手門学院は、125年の歴史をもつ、関西でも有数の伝統校である。その淵源は、1888年（明治21年）、大阪偕行社附属小学校（西日本最初の私立小学校といわれる）までさかのぼることができる。長い学院の歩みは、我が国の有為転変の歴史と軌を一にしている。日中・日露の戦役、両世界大戦、戦後の復興、バブル崩壊、ITバブル、阪神・淡路大震災、リーマンショック……。追手門学院をめぐる政治状況や経済状況は目まぐるしく転変してきた。その間、幾星霜、社会有為な人材を数多く輩出してきた、知る人ぞ知る学院、それが追手門学院である。今では、こども園（保育園）から大学院までをそなえる、総合学院に成長している。

ところが、つい最近まで、この学院の歴史が振り返られることはまれだった。学院がどんな志で開学されたか、学院の発展のために先人がどのような労苦を重ねたか、学生はもとより、教職員ですら多くを知らなかったのである。

我が国には、伝統校を自他ともに認める教育機関が、あまたある。慶應義塾といえば、福澤諭吉の相貌とともに「*Calamus Gladio Fortior*（ペンは剣よりも強し）」、「独立自尊」という高らかな理想を思いうかべるだろう。早稲田の学生なら大隈重信の銅像とともに、「進取の精神、学の独立」を謳うであろうし、北海道大学ならクラーク博士の「*Boys, be ambitious*」という言葉を大切にしているはずだ。

ひるがえって、追手門学院はどうだろうか。学院創設者・高島鞆《たかしまとも》之《の》助《すけ》の顔とともに「独立自彊・国家（社会）有為」という建学の精神を思いうかべる人がどれほどいるだろう。

２０１１年４月、追手門学院には、一貫連携教育機構という学院横断の組織が設立された。一貫連携教育機構の使命は、ほかでもない。追手門学院内部の紐帯を堅くし、人と情報の行き来を活発にすること、そして、２０１２年３月、『学院教育改革検討委員会答申書』に示された「６つの教育の柱」――志の教育、心の教育、国際教育、自校教育、キャリア教育、一貫連携教育――を具現化し、広く世の中の負託に応えることだ。なかでも、自校教育は、オール追手門感情を涵養するために、真っ先に取り組まなければならない課題であった。本書の第２部で紹介する、「学び論Ａ　自校教育講座」は、この全学的要請に後押しされるように設けられた新設科目だったのである。

　では、一貫連携教育機構が立ち上がる以前に、追手門学院に〝自校教育〟の取り組みが皆無だったのかというと、そんなことはない。〝自校教育〟を名乗る授業科目こそなかったが、追手門には〝自校教育〟に資する有形無形のリソース、記念行事、アーカイブズなどがちゃんとあった。たとえば、大学内の「記念資料室・文化財資料室」の中には、年志、学校報、学内機関紙などの文書、写真・８ミリフィルム・オープンリール式テープ・ＶＨＳ・ＤＶＤなどの視聴覚資料が、年代順に並べられ、あるいは無造作に段ボール箱に詰め込まれて眠っている。また、「将軍山会館」という、資料館・文書館を兼ねた立派な展示施設もあるし、学院の歩みが一望できる年表、建学の精神を浮き彫りにしたモニュメント、初代学長の銅像、大学の第１期卒業生の宮本輝氏の記念碑、松下幸之助が寄贈した茶室「松籟庵」もある。さらに、周年事業を推進する委員会や事務局、自校史の調査・研究機関である

「学院志研究室」もある。それだけではない。２０１０年3月には、『追手門の歩み――世紀をこえて――』という自校教育用テキストが刊行され、追手門をつくった4人の人物――高島鞆之助（学院創設者）、片桐《かたぎり》武《ぶ》一郎《いちろう》（学院中興の功労者）、八《や》束《つか》周吉《しゅうきち》（戦後の学院の復興に貢献）、天野《あまの》利武《としたけ》（大学創設者にして初代学長）――の事跡が初めて読みやすい形で公にされた。さらに、２０１２年12月には、マンガ版『追手門の歩み』が、２０１４年3月には『追手門の歩み』ＤＶＤも完成する。

このように、自校教育を実施するための施設、教材、組織は、着々と整備されつつある。

ところが、運用の妙がなかなか発揮されない。

たとえば、自校教育用テキスト『追手門の歩み』の活用状況である。アンケート結果によると、追手門学院小学校では、従来からのテキストが使われており、『追手門の歩み』の授業使用は参照程度にとどまっている。また、追手門学院の2つの中・高等学校では、毎年、新入生と新任教員に『追手門の歩み』が配付されており、生徒に読後の感想文を書かせるという話も聞くが、つまびらかなことはわからない。大学でも入学式で新入生全員に配られるが、初年次教育のゼミナールで、数名の先生が輪読なさる程度で、アンケートの回収すらままならない。

また、「学校史研究グループ」（現今の「学院志研究室」）は、学院創設者とその周辺の人物に関する取材旅行や文献調査を進め、紀要などに論文をまとめてきたが、学生や生徒のために、研究成果が還元されることは皆無であった。

大がかりな周年行事や記念事業も行われてきたが、残念ながら、教職員や学生の関心は薄く、学院全体の盛り上がりに欠けていたと言わざるを得ない。キャンパスに点在する年表やモニュメントは、ほとんど顧みられることはないし、展示施設やアーカイブズを利用する教職員や学生も少ない。

追手門学院大学の自校教育は、歴史資料の収集・保存、学院のキーマンに関する調査・研究、歴史資料の公開・展示、自校教育用教材の開発までにとどまっていて、授業としての自校教育は、いまだ手つかずの状態であった。児童、生徒、学生に、学院の歴史やリアルタイムの自校の姿を熱心に語る〝語り部〟を、永らく追手門学院大学はもっていなかった。

ただひとつの例外があった。それは、２０１１年10月に、大学３・４回生を対象に行われたキャリアガイダンスの授業「社会人基礎力講座」での、リレー講義での１コマだった。講師は、先述の『追手門の歩み』をまとめた、教育主事の山本直子氏。テーマはずばり「追手門の歩み」だった。おそらく追手門学院大学始まって以来の本格的な自校史教育の講座だったに違いない。２５０名以上の履修生が山本氏の話に真剣に聞き入った。結果は予想外だった。授業後のアンケートから学生の声を紹介したい。

「知らないことばかり、聞きいってしまう内容だった。久しぶりにこういう授業に出会えた気がする」（3回生男子）
「追手門のことがまた少し好きになりました」（4回生女子）
「とてもいい機会になりました。自分の大学に誇りを持つことができました」（3回生女子）
「追手門のことを軽く見てきたんですけれど、今日の授業を聞いて、深い歴史があって、学生数もこんなに多いんだな、と感心しました」（3回生女子）

「もう3年間追手門に通っているけれど、学校のことは何も知らなかったのでびっくり」（3回生女子）
「様々な思いや月日を経て成り立っている母校をもっと誇りに思い、大切にしながら残りわずかな学生生活を楽しもうと思いました」（4回生女子）
「今の私たちの世代が追手門のイメージを下げているのでしょうか。そう考えるともっと頑張ろう、というか、しっかりしなければならないなーと思いました」（3回生女子）
「追手門が大阪城の正門のことなんて、まったく知りませんでした」（4回生男子）
「追手門に幼稚園があることを知ってびっくりした」（3回生女子）
「卒業生にこんなにすごい人たちがいるなんて」（4回生女子）
「追手門の学生数が597校中73位だなんて知りませんでした」（3回生男子）
「自分のおばあちゃんや親戚に『追手門学院大学に、今、通ってる』と言うと、『へー、すごいな～』っていうリアクションをされるのもなんとなく納得できるような気がしてきました」（3回生男子）
「自分は滑り止めでこの大学に来て、特に学校のことで自慢できることもなく、追手門にもたいして興味がなかったが、この授業を受けてこの大学にも歴史があることがわかったのはたいへんよいことだった」（3回生男子）
「これから先、社会人になるにあたり、母校について語れるようになろうと思いました」（4回生女子）

「授業が始まる前は正直『寝てしまうやろなあ』と思っていましたが、自分が想像するよりもはるかに深くて濃い123年の歴史がおもしろくて、とてもためになる講義でした」（3回生女子）

「入学式の時にもらった『青が散る』も全然読んでいなかったけど、今日の話を聞いて読んでみようと思った」（3回生女子）

「自分が4年間も通っていた学校について何も知らないのはおかしなことで、恥ずかしいことだと感じました」（4回生女子）

講義を担当した山本氏は、ぎっしり書き込まれたレポート用紙の束に圧倒されたそうである。これほどまでに学生たちは追手門を学ぶことに前向きだった。これほどまでに、自校に関する情報に飢えていたのである。

これはうかうかしておれない。いつまでも「仏作って魂入れず」の自校教育ではいけない。大学の教育プログラムの中にしっかりと位置付けて、学内の人的資源やアーカイブズを十全に活用して、半年間なり1年間なり、みっちり自校教育講座を展開するべきだ。できれば、追手門に入った学生には全員履修を義務付けて、4年間で一度は、学院発祥の地・大手前を訪れるようにするべきだ。筆者は会う人ごとにこう力説した。

この訴えが届いてか、筆者は2013年春学期、「学び論A」という科目の中で「自校教育講座」を担当することになった。半年間、全15回のオムニバス形式の選択科目である。残念ながら、全員履修の必修科目にはならなかったが、卒業要件に認定される正規科目の1つに「自校教育講座」が位置付けられた意義は大きい。

本書の第2部では、この「学び論A　自校教育講座」の記録を、紙面の許す限り掲載した。

また、2012年12月には、追手門学院大学で「自校教育のいま」と題するシンポジウムが開催された。本書の第1部には、このシンポジウムにご登壇いただいた、自校教育の権威・寺﨑昌男氏（立教学院本部調査役、東京大学・桜美林大学名誉教授）の講演を掲載させていただいた。

第3部「自校教育の教材作成について」では、前出の山本氏に、本書とほぼ同時に世に出る『追手門の歩み　DVD版』の解説を中心に、自校教育教材の作成にまつわる記録を執筆していただいた。本書を手にとられた読者の中で、このDVDの視聴を希望される方は、遠慮なく本書巻末の監修者紹介（209ページ）の欄に記した筆者（梅村修）のメールアドレスにご連絡をいただきたい。謹呈する。

このような自校教育に関する一大学の取り組みをまとめた本は、管見の及ぶ限り、ほとんど類例がない。すでに多くの国公私立大学で、自校教育の取り組みは行われていると思われる。そうした大学の取り組みを差し置いて、いまだ緒に就いたばかりの追手門学院の取り組みを書籍の形で世に問うことは不遜な企みかもしれないが、ご縁のある他大学関係者、本学院の教職員、御父母などに広く読んでいただきたいと願っている。

第Ⅰ部

大学50周年記念事業「自校教育のいま」講演録

基調講演「自校を知り、自分を見出し、未来を考える——『自校教育』のすすめ——」

寺﨑昌男

追手門学院に招いていただいたのは、正確に言うと3度目になります。おかげで近畿地区のいろいろな大学の方々にもお会いするチャンスを得ることができました。しかし今回は特に、50周年という式典の一部として、つまり記念事業の一部として、この講演会を企画し、お開きになっております。

周年事業というのは、従来は、「記念」、すなわち自分の学校の歴史をたたえ、過去をたたえるという意味しかもちませんでした。けれども、これからは違うべきではないか。つまり、今後の大学としての在り方を見定め、今後に向けて周年を祝う、ということでないといけないのではないかと思われます。今回、こちらの追手門学院はまさにその趣旨に沿って、将来の課題や方向を考えるために、自校教育というテーマをお取り上げになったんだ、大変心強い、と思っております。

なお、本日のテーマは「自校教育のいま」となっております。しかし「いま」については、私は教員としては退任しておりますので、ほとんど存じません。現状は他の先生方にお任せして、私はその前座を務めさせていただくことになります。そういうお気持ちでお聞きください。

ところで、今日を機会に、やはりどうしても繰り返し聞いていただきたいことがあります。それは、「自校教育などということを、どういう気付きを通じて思い付いたか」という経緯です。

気付いたのは1997年のことでしたから、いまから15年前になります。そのころ私は、立教大学の現職最後の教員でしたが、初めてこのテーマの重要さに気が付いたのです。それは、〝思い付き〟から始まって、〝驚き〟、そして〝気付き〟、この3つにわたるものでした。

まず、〝思い付き〟のいきさつから申しましょう。「大学論を読む」という講義の中で、ふと思い付いたのです。

もともと、立教大学が全学共通カリキュラムを始めた1997年の年始頃にさかのぼります。私もそのカリキュラムをつくった責任者でしたから、「1科目ぐらい持たせてよ」と言いました。どうぞ、どうぞと言って与えられたのが、「思想の現代的状況」というおそろしく大きい科目群のうちの第4番目のコマだったのです。担当者が決まってなくて、ちょうど空いているというのです。どうぞ、先生のお好きなようになさってください、ということでしたから、「わかりました、『大学論を読む』という題でやります」と言って、受け持ってみたわけです。「総合科目」の1つでした。

ところが、やってみて、あることにはっと気付いたのです。次頁の**表1・1**に、1時間目、2時間目、3時間目とありますが、これは講義のテーマの順番であります。3時間目まではおとなしく進んでいきました。聴講者は45人いました。そのうちの20人は1年生です。あと25人が2年生から4年生までに散らばっている。人数も適度だし、共通教育の講義にしては非常に小規模でしたから、こちらも安心して話せたのですが、しかし、一般教育と専門教育の関係を話し、高度経済成長と大学の大衆化のことを話し、「大学改革問題」とそれとはどうつながっているかなどと、いわば現代の日本の大学問題をずっと話してきて、ふと思い付いたのです。

「自分は今、大学について話をしている。この学生たちは立教の学生として、ここにいる。私は立教の教授として、この教壇に上がっている。そして出会った。その状況をまったく意識しないで講義をしていて、いいのだろうか。自分がよく知っている大学はこの大学だし、学生たちがいちばん知っている大学も立教に違いない。その大学のことを抜きにして、『日本の大学は……』などという話をずっと続けていっていいのだろうか」。

表1・1　思想の現代的状況4「大学論を読む」講義内容の一部（1997年夏学期、4～7月）

第1時間目	序論 ・今、日本の大学はどのような問題に直面しているか ・どのように変革されればよいか ・今年の前半学期のテーマ
第2時間目	新制大学論（一） ・現在の大学はどのようにして出来たか ・明治以後日本がつくってきた大学制度 ・現在の大学を生んだ戦後教育改革と大学改革 ・アメリカ対日教育使節団が示した現代大学像
第3時間目	新制大学論（二） ・一般教育と専門教育 ・高度経済成長と大学の大衆化 ・第1時間目の「改革問題」との関連
第4時間目	立教大学を考える（一） ・私（講義者）と立教 ・立教学院の起こり ・明治・大正・昭和期の立教の発展 ・諸事件とそれに現れた立教の「体質」の特徴 ・他のミッション系私学との比較 ・戦後改革の中での立教学院
第5時間目	立教大学を考える（二） ・「大学紛争」と立教大学 ・70年代以後の立教大学の改革 ・なぜ「全カリ」を始めることになったのか

（資料）『立教学院百二十五年史』上巻、1996年。
『文学部資料集』文学部教授会、1970年。
中島誠「着実に歩を進める大学改革」、『朝日ジャーナル』1980年5月16日号。
＊その他、同志社、青山学院、明治学院などミッションスクールの沿革史、近代日本教育史関連の法令資料集、研究論文などを参照。一部を配布した。

それで、「来週から僕はシラバスに書いたことは無視します、新しく立てます」と言って、「4週目と5週目はこのテーマでやります」と宣言し、「立教大学を考える」と黒板に書いたのです。

これはまったくの思い付きでした。しかし、2週間やってみると（表1・1の第4・5時間目参照）、すごくいろんなことがわかったのです。学生たちは、本当に熱心に聞いてくれる。彼らが寄こしてくれたいろいろなレスポンスがありました。

ちょうどここに小さな卓上時計が置いてありますが、学生たちが提出する出席カードというのも、これぐらいの名刺程度の大きさです。裏には何も書かれていなくて、表には全部、科目名称と私の名前と自分の名前と番号などを書くようになっています。ところが提出されたカードの裏をみると、びっしりと感想が書いてあるわけです。あんなことは初めてでした。書けとも言っていないのに、です。

学生たちは、それまでとはまったく違う感想を書いてきました。たとえば、「昔、立教は〝英語の立教〟と言っていた時代があったという話ですが、今の様子をみると、信じられません。これが英語の立教ですか」と書いた学生も、3年生にいました。かと思うと、2年生で、「今日、先生の話を聞いて、明治学院と青山学院と立教の違いが初めてわかりました。学部に帰って、クラスで友人たちに自慢してやりたいぐらいです。私は国際法学科の2年生です」というような反応がどんどん返ってくるのです。

やっていくうちに、反応はだんだん濃くなってきました。たとえば、文学部で後期に総合講義をやったときなどは、3時間かけたのですが、いちばん印象に残っているのは、1人の女子学生からの反応でした。

「私は4年生です。この春、卒業しますけれども、4年間この大学が嫌いで嫌いでたまりませんでした。しかし、先生のお話を聞いて、ものすごく好きになりました。就職も内定して、4月からは働いているでしょうが、卒業間際にこんな体験を与えてくださって、本当に感謝いたします」

そういう反応です。20年間大学教員をやっていて、一度も受けたことのない反応でした。そういう反応から〝驚き〟が生まれたのです。

驚きの第1は、新入学生はほとんど何も知らないで、ここへ入ってきているということでした。彼らに聞いてみると、上智・青山・立教、これを合わせて受けることを東京の予備校で「JARパック」というらしいのですが、その「JARパック」で来ましたという学生が、ほとんどです。それから、男子の半分は早稲田に行きたい子です。「しかし落ちて、ここへ来ました」。あと、女子の場合は、慶應に行きたかったという学生もいますが、比較的、「立教に来たくて来ました」という子が多いのです。それにしても、約半数ぐらいは仕方なしに、ここに座っている。つまり、偶然入った大学で偶然寺﨑という教員に出会って、その話を聞いて2単位をもらおうとしている学生たち、そういう偶然の出会いでしかあり得ない出会いというのを、彼らはやっている。これを4年間繰り返して出ていくのだ、ということがわかってきました。これは非常に大きい驚きでした。大学選択動機の基本的曖昧さです。

2番目の驚きは、心理的な効果の大きさでした。彼らは、私の話を聞いて、**表1・1**に書いてある第4週目・第5週目のような話を聞いて、初めてわかったのです、「自分はどこにいるか」。つまり、居場所をはっきり確認することができた。これでまず彼らは安心したんだと思います。

次の〝気付き〟ですが、学生たちは書いていました。

「明治学院と青山学院と上智と立教は、全部、東京にあるミッション・スクールで、全部キリスト教系だが、その違いなど、考えたこともなかった。みんな、ミッション系、かっこいいという程度のことだった。ところが、入ってみたら、全部、背景になっている教派が違うということを、講義を聞いて、やっとわかった」

「そうか、フランシスコ・ザビエルの話を世界史で聞いたことがあるけれども、ザビエルは考えてみるとイエズス会派遣で来ていたと書いてあった。上智大学はそのイエズス会の努力でできたのですね」

そういうふうにわかっていったわけです。立教は、聖公会という教派がつくったといっても、「聖公会、それは何ですか、キリスト教ですか」と学生たちは聞きたいのです。つまり、何も知らないで入ってきた。そこを埋めてもらったという安心感。この安心感はすごく大きいのだということに、私は驚きました。二重の驚きと思い付き。この授業をやってみて、初めていろんなことがわかってきました。

もうひとつ気付いたのはどういうことかというと、学生たちは、disclosure（公開）を望んでいる、ということです。これは勇気のいる発見でした。というのは、講義者である私のほうに自信がなかったからです。その当時、私は定年の直前でしたから、大学教員としてのキャリアは相当長いほうでした。その私といえども、やはりためらいました。立教大学の「恥」、これをさらしていいかという問題です。しかし、結果的には話してよかったんだということが、後でわかりました。

さて**表1・2**、これは、もっぱら歴史を中心として自校教育をなさっている東北大学の例であります。歴史を中心に自校教育をなさっています。

いちばん上の欄をみると、「歴史のなかの東北大学」、「東北大学を学ぶ」、その次に「History of Touhoku University」があって、それから最後は、「東北大学のひとびと」。これが、今やっておられる概要です。全体をみると、バラエティを帯びた歴史中心の構成だということにお気付きになるでしょう。これは自校教育の重要な特徴のひとつなのですが、しかし、逆に歴史をきちんと調べれば調べるほど、「恥ずかしいこと」がいろいろ出てくるわけです。

たとえば、九州大学では医学部の生体解剖事件というのがあって、大変な事件でありました。これまでは沿革史にも、ほとんど書いていない。しかし、最近は書くようになってきました。医学部の、歴史の1コマです。北海道大学でも、アイヌの人たちに対するいろいろな事件が、過去にやはり起きている。東大も、たとえば、戦時中に、当時の植民地諸国の文化財をいつの間にかもってきていたという疑いが問われました。立教でいちばんすごかったのは、1973年から1974年に起きた一大セクハラ事件です。これなどは、新聞の社会面のトップを毎日飾るような大事件だったわけです。そういうセクハラ事件を含めて、大学の恥ずべき部分の歴史が、歴史研究をやればやるほど出てきて、

表１・２　東北大学における自校史関係の授業科目

講義名	歴史のなかの東北大学（2007〜2010）	東北大学を学ぶ（2010〜）	"History of Tohoku University"（2011〜）※以下、原文は英語	東北大学のひとびと（2011〜）
1	ガイダンス（大藤修）	ガイダンス	ガイダンス	ガイダンス（中川）
2	片平キャンパスと史料館見学（永田英明・曽根原理）	東北帝大成立「前史」―学都仙台とは	学都仙台	初代総長・澤柳政太郎と狩野亨吉（中川）
3	大学の歴史（羽田貴史）	東北帝国大学の誕生	東北帝国大学の誕生	科学者たちの仙台―本多光太郎・八木秀次（永田）
4	明治時代の「学都」仙台―東北大学誕生前夜（永田）	門戸開放	門戸開放	文系の学風をつくる―阿部次郎と小宮豊隆（曽根原）
5	東北大学の誕生と理念（中川学）	附置研究所の誕生	総合大学への道(1)	チベットから仙台へ―多田等観と河口慧海（曽根原）
6	創立期の東北帝国大学と社会（中川）	総合大学へ	総合大学への道(2)	奥羽史料調査部の人々―地域家研究の先駆け（柳原）
7	総合大学としての確立―法文学部設置と図書館（曽根原）	学生生活	学生生活	巨大地主・斎藤善右衛門―地域名望家と大学（中川）
8	東北帝国大学の学生生活（柳原敏昭）	留学生と仙台・東北大学	フィールドワーク(1) 附属図書館と書庫見学	木下杢太郎と医学部生（柳原）
9	女子学生の歴史と「門戸開放」（永田）	戦争と大学	留学生と仙台・東北大学	時代を拓く女子学生たち（永田）
10	留学生と東北大学―戦前を中心に（永田）	戦後改革と新制東北大学の発足	戦争と大学	陶晶孫とその時代―戦前の留学生たち（永田）
11	戦時下の東北大学（安達宏昭）	高度経済成長の東北大学	戦後改革と新制東北大学の発足	戦時下の学生たち（安達）
12	戦後改革と新制東北大学の誕生（羽田）	キャンパスの変遷	キャンパスの変遷	戦後の医学部群像（曽根原）
13	川内・青葉山キャンパスの誕生と大学改革（羽田）	大学紛争と大学改革	フィールドワーク(2) 史料館見学	史料館見学（永田・曽根原）
14	東北大学の現在・過去・未来（野家啓一・東北大学理事）	創立百周年と大学の理念	大学の理念	試験
15	試験	試験	試験	

1、(　) 内は担当教員名。「歴史のなかの東北大学」の内容は2010年度2セメスターのもの。
2、「東北大学を学ぶ」の内容は2012年度1セメスター（中川担当の授業）のもの。
3、"History of Tohoku Universiy" の内容は2011年度2セメスター（中川担当の授業）のもの。
4、「東北大学のひとびと」の内容は2011年度2セメスターのもの。

「自校史教育の中でそれを全部語っていいか」という問題が出てきます。

私は迷いましたけれども、教えました。はっきりと言いました。特に、戦時下における立教の軍部に対する協力などは、迷ったことのひとつです。すなわち自ら協力してチャペルを軍に貸す。こういうことも行ったとか、そんな諸経験も、ちゃんと話しました。また、戦後、占領下になって、マッカーサーが公職追放令を出す前にいちばん先に戦争協力教員がパージになったのは、立教学院でした。同時に文部省は、全国のミッション・スクールの戦争協力調査を命じられました。戦時下に立教学院の指導者だったメンバーが、総司令部の幕僚の1人になっていたのですが、その人がほかの官公私立学校より一足先に立教学院を懲罰したことになります。そのあとで、教職追放令や公職追放令が、マッカーサーによって出されたという流れがあるのです。その経過も全部、学生たちに話しました。

先ほどのセクハラ事件。これは、女子大学院生が妊娠し、殺害されたという事件です。しかも、殺したと思われる教員のほうは、2人の娘さんと奥さんとを連れて一家心中をしてしまって、どうしたらいいかわからない。最後に、その女性の遺体が出てきたという「猟奇事件」に近い事件でした。それも、私は全部話しました。半数以上が女子学生ですから、話してはいけないかなと思ったけれども、話してみますと、みんな、興味津々という様子で聞き入ってくれました。そしてこういう事件に対して当時の大学はどう対応したかを、きちっと教えることがいかに大事なことかということがわかりました。そこまで伝えますと、学生たちに対して大変よい印象を与えたようです。「じゃあ私は辞めます」という学生は、1人もおりませんでした。学生たちは、恥でも何でも知りたかったのです。それがわかったのが、私にとって大きい気付きでありました。

もうひとつの気付きは、自校教育は、多人数の教員、さらには職員による担当でもよい、ということでした。

実行初年目の最後の感想は、「自校教育というのは、1人でやるのには重すぎる」ということです。何科目か並べるなら別です。しかし、1科目しかないのを1人でやるというのは、ちょっと重すぎましたね。仮に4単位の1科目をやるんだったら、複数の教員でやるべきだと思いました。その上でさらに職員の方の力が欲しい。たとえば、うちの図書館の特徴はどこにあるか、蔵書の特質は何か、よそと比べてどうか、こういうことをきちんと教えなければいけません。それから、学生たちの読書の閲覧の態度に問題はないかとか、逆に学生のほうから問題はないかとか、こういうことをきちんと話せるのは、教員ではありません。図書館の職員の方です。それから、企業からみた本校卒業生への評価、これをいちばん知っているのも、教員ではありません。キャリア担当の職員の方が、いちばんよく注文を聞いているのです。そういう方たちをどんどん入れて自校教育をすべきだと思いました。いかんせん、たった1人が行う2、3時間のコマでは、それはとてもできません。

私はその後、「これは遺言として申し上げます」と言って、定年のときに全カリセンターの機関誌に文章を寄せてきました。「今後、立教の中に、この種の科目を、ぜひ置いてください。学生たちは、必ず聞きます」と。どうしてそういう自信が付いたかというと、私はやってみて、だんだん学生たちの反応が深いものになっていくのを知っていたからです。また、私は授業の最後に、「来年度もこういうテーマについて後輩たちに話をしてほしいと思いますか」と学生たちに聞きました。全員が賛成でした。「ぜひ、やってください」「できれば、必修にしてください」。彼らは、後輩たちが立教について学ぶことをとても望んでおります。

私の最後の結論は、彼らは満足したわけではない、ということです。一般に人間が満足するのは、欲しているものを与えられるから満足するのです。ところが、彼らは、自校に関する知識を欲していたわけではありません。むしろ、どうでもよかったのです。JARパックの話ではありませんが、大学だってどこでもよかったのです。4年間過ごせればよかった。ところが、彼らは実は、安堵したのです。満足ではなく、「安堵」です。どうしてかというと、自分がわかったからです。あるいは、自分の居場所がわかった。この先生はどんな人かというのも、わかってくれた。そういう大きいわかり方が、彼らを安心させたのだと思います。

言い換えると、そういう安心感を300万人近くいる日本の学生たちが、今、あまり持てていないという問題は実に大きいのです。考えてみると、日本の学生たちはみんな、本質的な意味で不本意入学者なのでした。仕方なしにそれぞれの大学に座っていると言ってもいいのではないでしょうか。

私が思い出したのは東大の学生たちでした。毎年3200人ぐらいが入ってきます。さぞかし、「よかった、宝くじにあたった」くらいのつもりで入ってきているとお考えかもしれませんが、中に入って接してみると、そんなことはありません。たとえば、私は教育学部におりましたが、東大に入って教育学部に進学すると、ひと昔前までは「それはおかしいんじゃないか」と人から言われるような選択でした。文学部だって、似たようなものです。法学部がいちばんいいかもしれない。けれども、法学部の学生だって、もうちょっと理数科ができたら医学部に行けたと思っているかも知れません。医学部の学生たちは学生たちで、「今、俺は、ここにしかいるところがない」と思っている。「どうして医学部に来たの」「いい医者になろうね」と、医学部の先生が言うと、「べつに」とか答えて、焦らっかせる者がいる。医学部進学者は理Ⅲというコースに入ってきますが、「なぜ理Ⅲをつくったのですか」と、私どもがいたころまで医学部の先生はおっしゃっていました。学生たちも、何のために日本一の難関を突破してここにいるのかわからない。「どうして理Ⅲに入ったの」と聞かれると、「僕に合う偏差値の学校がほかになかったからです」と平気で答えてしまうのです。名医になろうとか、地域の医療に奉仕しようなどとは思わないというわけです。私は、日本全国の大学は、実は不本意入学生であふれかえっていると思わざるを得ないのです。そこへ安堵感をきちんと与えることができるとすれば、こんなに意義深いことはないと思います。

次に、自校教育をやりますと、いろいろな効用があります。たとえば、初年次学習・大学適応に対する効用です。先ほどの東北大学の例をご覧ください。特に注目されるのは、左から3番目の欄です。「History of Tohoku University」、これは、全部英語で行われているそうであります。留学生の人たちが、ここへ熱心に来て、そして最後は学内見学で先生と一緒に学内を付いてまわる。先生は、それを学生たちに英語で説明していらっしゃるということです。それから、昔の東北大の学生の詰め襟の学生服、あれを留学生たちが着て、朴歯の高い下駄を履き、帽子を被ってとても喜んでいる写真もある。そういうふうに、オン・ザ・スポット教育を英語でやる。これなどは、もし東北大が、あとあと英語圏の学生たちを、大勢お入れになるような場合は、すごく役に立つでしょうね。最後は、「東北大学のひとびと」。これは、歴史学で言うと人物研究です。自校教育もこれほど広がってくると、いろいろな学部の先生がおられないととてもできません。リストからも、それぞれの先生方のご専門が違うということがよくわかります。

次の効用は、「大学問題には学生が関心を持つ」ということです。

いろいろな大学の自校教育の中の1時間ぐらいを、私は手伝うことがあります。たとえば、埼玉県に獨協大学があります。この大学がやっておられる「獨協学」というのは、1年生のための選択必修科目のひとつで、毎回200人ぐらいの学生が履修します。「獨協学」の中で私が受け持ちますのは、「近代日本における私学の展開と、その中における獨協学園の位置」で、半期科目の1時間だけもちます。特別非常勤講師です。そういう講義をやってわかるのは、学生たちは獨協のことも知りたいけれども、しかし、我々の頃と違って、私学問題全般についても知りたいと強く思っているということです。

新聞などでは、私学のサバイバルとか、いつ潰れるかわからないとか、危機とかという言葉がどんどん出てくるけれども、彼らはピンとわかってないわけです。授業料が高いということぐらいはわかるけれども、それ以外のことはわからない。そこをきちんと教えると、非常に安心してくれることがよくわかります。昔、立教の学生に立教を教えて安心されたのとは、ちょっと質の違う安心感を現在の学生たちは得るようであります。「やはり、私学を選んだのは大きな間違いではなかったんだ」ということがわかるだけでもいいことだ、と思われます。要するに、大学問題一般に学生がもつ関心に応えるということも、自校教育の大切な成果なのですね。

桜美林大学で教えたときもまったく同じでした。学生たちは、大学問題に関心をもつようになります。つまり「参加」の意識が育ちます。

4時間ぐらい桜美林の話をして、いちばん最後に「あなたたちに、いまから1時間あげるから、学長に手紙を書いてほしい」。と言いました。相手は１５０人ぐらいいました。「桜美林についてどう思うか、あるいは、こういうことをしてもらいたい、と注文があったら、何でもいいから書いてください」と。学生たちは本当によく書きましたね。

私がひそかに思っていた心配は事実でした。「学生は学長の顔を知っているだろうか」という心配です。ほとんど知りませんでした。入学式のときに遠くでみただけで、桜美林ぐらいの規模になると、もうわからないのです。ですから、私は秘書室へ行って、いちばん大きい学長の写真を借りてきまして、黒板に貼って、「ほら、この人だよ、入学式のときに話をされたでしょう、僕が責任をもって取り継ぐから、この人に手紙を書いてほしい」と言って、書いてもらったのです。

学生の中には、「どうぞ桜美林は潰れないようにしてください。卒業して、お母さんは、どこの大学を出たと言われて、いや、もう潰れちゃったのって言いたくないですから」とか、本音を書いてくれた学生もいました。非常に多かったのは、スクールバスの運転時間を1時間延ばしてくれという意見でした。もうひとつは、食堂のレストランの献立。これがひどすぎる、もっと変えてほしいと。私は、そんな意見が出てくるとは夢にも思わなかったので、びっくりしました。昔なら自治会がやったことです。それをいまの学生たちは、そういうチャンスに初めて書きます。結局、参加意識の表明のひとつだと思います。

効用の最後は、アーカイブズの建設、沿革史編纂への刺激になることです。追手門学院も立派なアーカイブズをお持ちです。去年も、一昨年も、見せていただきました。

アーカイブズを建設することはすごく大事で、特に展示施設をつくるということが大事だと思います。恥ずかしながら、立教は、資料センターこそありますが、来年に向けて展示施設を本格的につくるという計画がやっと動き出したところです。また自校教育を通じて、沿革史編纂の刺激も生まれます。逆に言うと、いい沿革史ができないと、自校教育はできません。根拠ができないからです。

自校教育のいいところは、演説やアピールをするのとは違って、形式が「講義」だという点です。講義・レッスンをする、あるいはレクチャーをやるということの教授形式には、非常に有利な部分があるのです。どんなことかというと、「講義、レクチャーの内容の選択は教える側の自由に委ねられている」ということです。すなわち、何が真実であり、何が真実でないか、あるいは、真実と思われる事柄の中から、これは話すのか、話さないのか、この辺の判断を決めるのは講義者自身だということです。これは、ドイツの大学で、徐々に18～19世紀の段階でできてきた「教授の自由」の原理です。それは日本でも今は守られています。ということは、逆に言うと、どんなスキャンダルでも、その講義者が、これは伝えておくべきだ、あるいはこれが本当の実相なんだと思うことがあったら、話していいということなのです。

私は、自校教育は、講義として与えられているこの条件に、きちんと立脚すべきだと思っています。この点が、単なるアジ演説とか、弁論大会の弁論とは違うポイントです。真理と考えた事柄の内容を自主的・主体的に教師が提示できる、そういうチャンスです。それを活用すべきだと思います。すなわち、「教授の自由」をフルに活用することが許される教育活動のひとつだと思っております。

続いて、自校教育と大学改革問題との関係を見ていきたいと思います。

ひとつは、教える者の側が、大学はいったい何に基づいてつくられてきたのかということを、学生とともに考えるチャンスになるということです。その意義は教える者の能力開発（FD）にもなりますが、大学自体にとっても少なくありません。「おたくの大学の建学の精神は何ですか」「今やろうとおっしゃっている教育改革の趣旨は、建学の精神とどこが関係するのですか」などと、文科省からさえたびたび聞かれる時代です。こうした問いに答えるのは、あるいは答えることができるように用意しておくことは、それとしては大事なのですが、しかし、建学の精神なるものの真相を究めるのは実は大変なのです。あらゆる建学の精神は、歴史的文脈の中からしか生まれてきませんし、歴史の所産であるがゆえに、多くの曖昧さや、ときには誤りも含むのではないかと思っております。そこを解明し分析していくのは大変ですね。自校教育を本気で構成すると、その解明・分析を進めていくことになります。

他方、学生たちは、大学のいい部分だけをどんどん聞かされると、かえって信じなくなります。立教の場合、よかったのは、私が恥も外聞も捨てて、すべて話したことです。これは、やってよかったと思います。そうすると、学生たちは初めて、この先生の言っていることは正しいというふうに思ってくれるのです。

大学教育学会大会で、ある年に、シンポジウムのコメンテーターを頼まれました。ちょうどいい機会でしたので、「学生たちに立教のことを話すというのは、重大な教養教育の一部分だと思う」という話をいたしました。休憩時間になりました。すると、中年すぎの、当時の私よりちょっと年上と思われる先生が寄ってこられて、「先生、さっきのお話はおもしろかった。立教でしたら、おそらく大学の歴史だけでも半年ぐらいはしゃべれるでしょう。でも私は、九州のほうの私学の教授なんですが、うちの大学は20年前に土建屋がつくった大学なんです。やっと今、続いています。大学の歴史なんてしゃべったって、せいぜい2時間です。自校教育と言っても何を話したらいいでしょうか」とおっしゃいました。

私は、「先生、私は、そのことをおっしゃるべきだと思う」と言ったんです。「先生のところの大学は、建設会社の人がたまたまつくった。結構です。そういうことを、きちんとおっしゃったらいい。そしてその上で、どうして自分はそういう大学で教えているのかということを、しっかりおっしゃってください。そうすると、学生は信頼します。それから、10年、20年間の間に、自分のいる間に学生の学力はどう変わっていったか。昔とどう違うか。その中で、自分たち教員や職員は何をしようとしているか。最低、この4つはおっしゃったほうがいい。その上で、ほかの先生の協力も得て、自校教育をなさってください」。

私はもう1つ、言ったのです。「先生、素晴らしい大学と言われている大学が、起こりは何だったと思いますか。アメリカで〝西のハーバード〟と言われているスタンフォード大学がありますよね。あの大学は、西部開拓を推進していった鉄道会社の社長のファミリーすなわちスタンフォード・ファミリーがつくった大学です。ハーバード大学。今は偉そうにしているけれども、400年前はどうしたかというと、ジョン・ハーバード（John Harvard）という青年のところへ、思いがけない遺産が転り込んできて、どうやって使ったらいいかわからない。じゃあ、半分を使って、これでハーバードという大学をつくろう。これがジョン・ハーバードのつくった大学、つまりハーバード大学の起こりなのです。そういうふうに、身元を洗っていけば、大学というのは、初めはどうしようもない起こり方をしているのです」と申しました。

もう1つ、話しました。ラテン・アメリカのある国で、今は国立大学ですが、そこができたときに、その大学はヨーロッパ宗主国の政略のもとに、「次につくるのは大学だ、植民地として利権は全部押さえた、あとは大学だ」というのでつくったらしいのですが、なんと、その大学の歴史をみると、開学の前に学位を出しているというのです。開学する前に学位を出すというのは、これは、やはりインチキですよね。でも、堂々とそういうことを、当時はやっているわけです。

つまり言葉を変えて言うと、大学というところは、歴史からみると、決してありがたいだけのところではないと思います。人間の愚行というものを端的に表す場所でもあります。出世や名誉、この2つに結び付いた人間の愚行の表れでもあるのです。しかし、ではそれだけかというと、そうではない。一方では、どういう人間をつくりたい、どういう学園を建設したいという理念の確認やそれを実現しようという動きも明らかに起きている。いわば、実態に対する反省として、ある理念が生まれる。その理念のことを「建学の精神」と言っているのではないかと思います。そうすると、それは実態の変化に応じて深化・再生し、ときには変わり得るもので、その意味で建学の精神とは不動のものだとは思えないのです。変えられてもいい。そこをわからせられるのは自校教育であります。

次に、高校生たちが大学を調べていないという問題があります。これは、日本の場合は大きい問題です。

学生たちは、受験情報誌などを通じて、大学進学や受験についてあふれるような情報を手にしているはずです。けれども、それが今いる大学についての正確な情報を含んでいたかと問うてみると、きわめて怪しいですね。大学生たちは、自分の合格した大学については、実は何も知らないで入ってきていると思ったほうがよい。この点は、アメリカと全く違います。

私の甥は小学校から大学まで全部、アメリカで育ちました。その彼が高2を終わった年の夏休み、すなわち日本でいうと高3の春休みにあたるときに、横浜の我が家にずっと滞在していったのです。そのときに、びっくりしました。彼は大学のことを大変よく知っており、何をやることが自分の今の務めかというのを非常によくわかっていたのです。

彼は40日間うちにいたのですが、ただの1冊の参考書も持ってきていませんでした。問題集も持っていません。持っていたのは、全部、普通の教養書でした。あるいは、専門書です。そういうのを読めと言われているのです。どこで言われたと聞いたら、ハーバードだと答えました。ハーバード大学のアドミッション・オフィスに相談に行ったら、「君は、読書経験が少なすぎます。もうひとつは、ボランティアをやっていませんね」と言われたそうです。「だから、そういうのを、日本でこの夏休みにやりたいんだよ」と言って、チャイルド・キャンプ支援のボランティア活動にも出向いてアメリカへ帰っていきました。結果においてハーバードには通りませんでしたが、ジョンズ・ホプキンズ大学に入って、今はもう40代の、建築家になって暮らしております。

その甥の様子をみていて思いました。「日本の高3の子は受験のことしか考えていないのに、この子は自分がどこへ行き何を仕事にしようかがわかっている」と。日本の高校生は、それがわからないのです。私たち大人の責任です。もっと高校生に伝えなければいけないと思います。

私は、東京大学教育学部附属中・高校で校長をしていたころに、高校における進路指導の実態をみて思いました。何というもったいないことをしているのかと。というのは、学校の中に先生たちが40人いるとして、進路指導の担当という先生は、せいぜい2人なのです。あるいは、1人だったりする。この方が1人で生徒たちの進路指導と進学指導の担当をしておられるわけです。ですから、生徒たちは、自分の頭の中でどの大学を受けるか、どういうことを勉強したいかというときに、その先生にしか相談に行かないのです。

ところが、みてみると、理科は理科で、それぞれ違う大学を出ている先生がおられる。国語は国語で、いろんな大学から来ている先生がおられる。その先生たちはみんな、自分の出た大学のことは知っているはずなのです。ところが、生徒たちは、そういうところに相談には行かない。もったいないと思いました。A大学を出た国語の先生がいたら、A大学の国文学はどこに特徴があったか聞けばいい。B大学の数学を出た先生には、B大学の数学はほかの大学とどこが違うか教えればいい。せっかくの宝物を生徒たちはものにしていないと思いましたが、他方で、教員たちの責任もあると思いました。「進路指導は、あの先生の責任だ」と思っていては困るということです。

最後に、大学の未来について考えていることをお話ししたいと思います。それは「生涯の『故郷』、いつでも立ち寄る『泉』としての大学」というテーマです。

今、立教では、立教卒業生だけではなくて、一般に大学を出た方を迎えて、「セカンドステージ大学」というコースをやっております。このコースは大変な人気なのです。いろいろな方が、「学位はいらないけど勉強したい、どこに行ったらよいか、立教にはセカンドステージ大学というのがあるそ

図1・1　25歳以上の大学入学者の割合

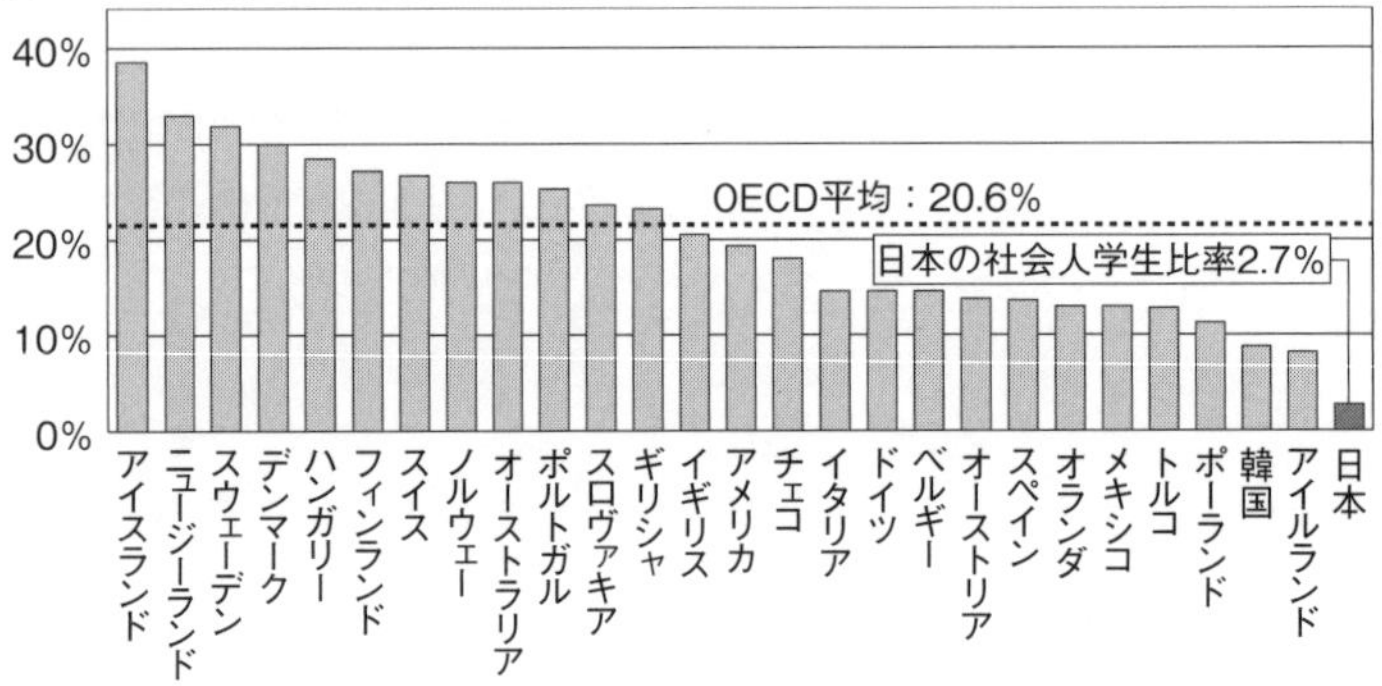

「OECD教育データベース」（2006年）。ただし、日本の数値については、「学校基本調査」および文部科学省調べによる社会人入学生数（安西祐一郎氏作成）。

うだ、じゃあ行ってみよう」、といって勉強しに来られています。修了証をもらっていかれます。これはもう、大当りした企画の1つです。

それをみておりますと、やはり私たちは大学というものを、22歳で終わるところと考えてはいけないと、あらためて思わされます。

最後に、上掲のグラフ（図1・1）をご覧ください。これは、もと慶応義塾の塾長だった安西祐一郎氏がつくられたもので、次々に増訂されているものです。貴重な資料だと思います。OECD諸国における「25歳以上の大学入学者の割合」の実態です。いちばん多いのは、アイスランドです。40％近くの学生が25歳以上の入学者です。次には、ニュージーランド、スウェーデン、デンマーク、ハンガリー、フィンランドときて、アメリカがOECDの平均ぐらいですね。それでも20％はいます。新入生の5人に1人が25歳以上であるわけです。そして、我が日本は、哀れなことに、ご覧のとおり、2・5％ぐらいでしょうか。アジアのほかの国の資料も欲しかったのですが、やっと最近、韓国が出てきました。しかし、その韓国ですら、8％から9％ぐらいは25歳以上の人が入っています。

理由のひとつには、ヨーロッパ系の国では授業料がタダで、いつでも入っていけるということがあるのかもしれない。そういうファクターがいろいろあるかもしれないけれども、日本のこの少なさは、やはり、特別な事情があると思わざるを得ません。日本には、勉強は22歳で終わるというカルチャー、そういう教育文化がある。これが、江戸時代から続いてきていると言ってもいい。そういう教育文化との関係も根底にあるかも知れません。また企業の22歳一斉採用制度も大きい原因かも知れません。でもこのグラフの示す惨状は、何とかして打破すべきなのです。

しかしそれだけでなく、よその国がもっている制度、たとえば、パートタイムの学生とフルタイムの学生をきちんと制度化して、パートタイムの学生も、フルタイムと同じような扱い方をきちんとする、科目等履修生だなどと半端者のような扱い方をしてはいけない、というような制度上の改革も必要でしょう。それから、もちろん、授業料を安くしていく必要も大いにあると思います。

私は、この表は日本の大学の異常さを表していると思います。1年生の教室に入ると、ほぼ全員が18歳から、やっと20歳ぐらいの若者たちだけだという風景は、実は異常な景色なのだと私たちは思う必要があると思います。

今後、少子化のもとで大学のサバイバルはいよいよ大変になってくると思いますけれども、そういうときに、卒業生が、「あの『泉』に行ってもう1杯水を飲んでみよう」と思うか、「あの『故郷』へ行こう」と思うか、思ってくれないか。この辺が非常に大きいことで、自校教育を通じて現役学生たちに帰属意識を育成しておくことは、そういう役割も担っているのではないでしょうか。

時間をちょっとオーバーいたしましたけれども、私の話を終わりにしたいと思います。ご清聴ありがとうございました。

第２部

学び論A「自校教育講座」の記録

梅村　修

I ―― 学び論Aとは何か

追手門学院大学の卒業要件単位数（124単位）を構成する科目は、大きく、共通科目、学科科目、副専攻科目に三分される。このうち共通科目には、新入生演習、基本科目、外国語科目、体育科目、そして総合科目が配される。学び論は、この共通科目の総合科目の中の「追大UI科目」に位置付けられる。「追大UI科目」とは、追手門学院大学の教育理念を具現化するための科目で、学生が大学生活のあり方を考えたり、大学の基盤である地域の特色について考えたりする科目とされている。

現在、学び論は、AからCまで3科目開講されているが、2013年度は、先述の一貫連携教育機構がそのうちAを担当することになった。

学び論Aは、春学期のみの選択科目（2単位）で、配当年次は1年次から4年次までである。すなわち、履修生は、すべての学部を横断し、すべての学年にまたがっている。授業は、金曜日の4時間目（15時00分～16時30分）に配され、120名まで収容可能な視聴覚メディア対応教室が割り当てられた。

学び論Aは、構想段階では、自校教育講座のほかに、学生発案型授業や演劇ワークショップ、併設校（追手門学院高等学校）からの内部進学者対象のAP（Advanced Placement）科目とする案など、いくつかの案が構想されたが、結局、一貫連携教育機構の懸案だった「自校教育」を推し進めることが先決と考えて、「自校教育」をテーマとすることで落ち着いた。

自校教育講座は、現在、多くの大学で実施されているが、1セメスターを1人の講師が担当することは少なく、ほとんどが、コーディネーターの差配のもと、オムニバス形式（リレー形式）で進められることが多い。追手門学院大学の自校教育講座も、機構長の筆者が、コーディネーターとして、シラバス作成から講師の選定、評価までを担当することになった。

筆者は、最初の授業で、履修予定の学生を前にして、次のようなオリエンテーションを行った。

①学び論Aは、教科を学ぶ授業ではない。追手門を学び、諸君自らのアイデンティティを確かめる授業である。
②梅村は、学び論Aの科目担当者であり、最終的な評価を任されているが、必ずしも授業の主役ではない。主役は学生であり、毎回変わる講師である。
③学び論Aの教壇に立つのは、教員だけではない。職員も学生も卒業生も登壇する。また、教壇で話すのは、1人とは限らない。複数の教職員、学生どうしの掛け合いで展開される場合もある。
④学び論Aは、座学のみではない。体と頭を動かせてもらう。すなわち、ペアワークやグループディスカッション、バスツアーなど教室を離れたフィールドワークも予定している。
⑤学び論Aでは、毎回の授業での振り返りを重視する。すなわち、授業の終わりに、講義を受講した結果、手に入れた気づきを意識化する課題・「振り返りレポート」を課す。

表2・1 「学び論A」の授業スケジュール

	テーマ	担当者
1回目(4/5)	学び論Aのオリエンテーション～将軍山会館訪問	梅村修
2回目(4/12)	「自校教育」とは何か～“追手門学院”を学ぶ意義	梅村修
3回目(4/19)	自校史教育①～「追手門の歩み」を使って	山本直子
4回目(4/25)	自校史教育②～「追手門の歩み」を使って	山本直子
5回目(5/10)	学院志研究室の研究員を招いて①	三﨑一明、吉田浩幸、横井貞弘
6回目(5/17)	学院発祥の地へのバスツアー（小学校スカイホールでのレクチャー、近隣の散策等）	杉田圭一（追手門学院小学校教頭）
7回目(5/24)	学院志研究室の研究員を招いて②	永吉雅夫、藤原栄一、藻川芳彦、谷ノ内識
8回目(5/31)	「追手門のために、仲間のために、自分の成長のために」～リア充を実現した学生登場	学生意識委員会、ピアサポーター、学生FDスタッフ、学生企画広報スタッフ、オープンキャンパススタッフ、キャンドルナイト学生スタッフ
9回目(6/7)	追手門を愛してやまないOB・OGの話①	田中克茂、山下貴弘、髙本優一
10回目(6/14)	追手門を愛してやまないOB・OGの話②(学長、理事長からのビデオレターを視聴)	鈴木圭史、城戸直也
11回目(6/21)	追手門をホームに、アウェイで活躍する追大生紹介	佐山千尋、和久義忠、登優斗、広浜悠斗
12回目(6/28)	なぜ私は追手門で教員をやっているのか	中村啓佑、磯貝健一、土肥眞琴、増崎恒、村上喜郁、内藤雄太、新谷好、山本博史、重松伸司、池田信寛、水野浩児
13回目(7/5)	なぜ私は追手門で職員をやっているのか	伊藤昭、立石正彦、山元隆広、矢島秀和
14回目(7/12)	川原理事長、坂井学長をお迎えして 期末試験対策～将軍山会館再訪	川原理事長、坂井学長
15回目(7/19)	期末試験～追手門検定	梅村修

⑥出欠席、「振り返りレポート」、最終試験（「追手門検定」）の3つの観点から評価する。

また、履修生に示した全15回の授業スケジュールは**表2・1**のとおりだった。学び論A「自校教育講座」は、全15回の授業を大きく2つに分け、前半を自校史に関すること、後半を追手門学院大学の〝今〟に関することとした。そして、前半を「自校史教育」、後半を「自校教育」と便宜上、はっきり分けることにした。

なお、「自校教育講座」の文字起こしに当たっては、内容や構成には一切の変更を加えていないが、読者の読みやすさに配慮して、修辞面で、若干、手を入れている。また、文字に起こすと無駄と思える口癖や、頻出する言い回しを削除しつつ、講師の人柄や会場の雰囲気をできるだけ伝えるために、あえて、冗長性を残しているところもある。登壇した講師には、文字起こしのあと、校閲を依頼し、事実誤認は徹底的に改めていただいた。また、校正や加筆もお願いした。

2　自校史教育

「自校教育」とは何か――追手門学院を学ぶ意義

第1回目の講義は、学び論Aのコーディネーターである筆者が自ら担当した。テーマは「『自校教育』とは何か――追手門学院を学ぶ意義」である。
学び論Aには、1回生46名、2回生16名、3回生5名、4回生34名、合計101名の履修登録者があった。半数近くが、今春、追手門に入学したばかりの1回生である。彼らは、追手門学院大学の偏差値や就職率については熟知しているかもしれない。しかし、それ以外の知識はなんら持ち合わせていない。建学の精神や研究者の業績はもちろん、学生数も、創設年も何ひとつ知らない。おそらくは、なぜ自分が追手門にいるのか、という疑問すらも芽生えていないに違いない。そんな学生に、自分たちの大学を学ぶ意義に耳を傾けてもらうのはかなり困難である。いきおい、授業は、講義というよりアジテーションに近いものになった。

追手門学院を学ぶ意義　梅村　修

諸君はどうして追手門学院で学んでいるのだろうか。

少しでもこんな疑問を持ったことはないだろうか。

ある学生は言う。「理由なんてない。ちょうど偏差値が合っていたし、高校の進路指導の先生も薦めてくれたから、入学しただけだ」。これを「偶然入学」という。

また、ある学生は、「ほんとうは、関関同立か産近甲龍に入りたかったんだけど、受験に失敗して、やむを得ず、追手門に入っただけだ」という。これを「不本意入学」という。

「追手門があこがれの大学でした」

「追手門が第1志望校でした」

こんなことを言う学生には、残念ながらあまり会ったことがない。

だが、よく考えてほしい。「追手門学院大学」という学歴は、諸君に一生つきまとうのである。自分の出身校を堂々と胸を張って言えないのはちょっとさびしくないか。履歴書を書くたびに自信をなくしたり、「どこの大学の出身ですか」と聞かれるたびに、「いやあ、大した大学じゃありません」と言葉を濁したり、こんなことでいいんだろうか。

いつか本学の坂井東洋男学長がおっしゃったことがある。

「今日を不満に過ごす人間は、明日も不満である」

大学のみならず、会社でも、家庭でもそうだ。現在を充実して生きることのできない者は、未来永劫、ぼやき続けるのである。彼らはけっして自分自身と折り合えない。そして、折り合わないのは、いつも他人であり環境であると思い込んで、今の境遇を呪っているのである。

だいたい、進学、就職、結婚など、人生のあらゆる岐路や節目に、100%、ベストな選択をして、「私は何の未練も心残りもありません」などという人生があるのだろうか。だれしも自分の履歴に不本意な思いを抱いている。たとえ志半ばで二番手、三番手の選択に甘んじても、与えられた学校や職場や伴侶を引き受けて、精一杯頑張ることが大事なのだ。それを昔の人は〝知足〟とか〝諦観〟とかと呼んで徳とした。

はっきり言おう。追手門学院大学は素晴らしい大学である。

大学の母体となった追手門学院は、1888年、明治の元勲・高島鞆之助によって、大阪偕行社附属小学校として創設された。それから幾星霜、日中・日露の戦役、二度の世界大戦、敗戦と戦後復興、バブル崩壊など、目まぐるしく転変する社会情勢に翻弄され、いくたびか廃校の危機に直面しながらも、学院としての命脈を保ってきた。現在では、こども園から大学院までを擁する一大学園に成長している。そして、125年の歴史の中で、綺羅星のごとき有為な人材を、陸続と世の中に送り出してきた。

だいたい、諸君は「追手門」とはなんのことか、ご存じか？

学院発祥の地、追手門学院小学校に行ったことがあるか？

追手門の由来も発祥も知らないくせに、どうして恥じ入ったり、自信を失ったりするのだろう。

「偏差値が低いから」って？　それは諸君の受験学力に対する世間の偏頗な評価であって、追手門学院とは何の関係もない。

少しガイダンスしておこう。

学び論Ａ「自校教育講座」は、前半と後半で、大きく2つに分かれる。

来週から第7回目までは、諸君に、追手門学院125年の波乱万丈の歴史を学んでもらう。これを「自校史教育」と名付けよう。

もう1つは、追手門の〝今〟について知ってもらう。第8週から第14週までだ。この後半の講義では、教職員や在学生や卒業生が、リアルタイムの追手門について語ってくれる。諸君には、追手門の〝時価〟をとくと判断してもらいたい。これを「自校教育」と名付けよう。

とくに後半の「自校教育」は、きっとスリリングだと思う。追手門を愛してやまない教職員、学生、ＯＢ・ＯＧが、かわるがわる登壇し、なぜ自分は追手門で働いているのか、なぜ自分は追手門で学んでいるのか、学んでいたのか、率直に語ってくれるはずだ。

諸君は、全15回の授業が終わったとき、おそらく、追手門のことをちょっと見直して、好きになっているに違いない。そして、自分も追手門の一員であることに、安堵の気持ちを抱くようになっているだろう。願わくは、この「自校教育講座」を受講したことで、諸君が追手門の学生であることに必然を感じてくれることを。そして、追手門の一員であることに喜びや誇りを抱くようになってくれることを。

追手門学院のたどった歴史　概説

第3回目および第4回目の「学び論Ａ　自校教育講座」では、教育主事の山本直子氏が、自ら編んだ自校教育テキスト『追手門の歩み――世紀をこえて――』を使って、明治22年から現在まで、追手門学院がたどってきた歴史の概略を解説した。前半は学院創設から第二次世界大戦による敗戦と戦後の復興まで、後半は大学創立から現在までを、演劇教育で鍛えたよく通る声で語ってくださった。山本氏のお話を聞くことで、履修生たちは追手門学院がたどった有為転変の歴史の大まかな見取り図を手に入れたはずだ。

学院創設から敗戦と戦後の復興、大学ができるまで（前半）

山本直子

今日と来週、「追手門学院125年の歩み」をご紹介したいと思います。今日は、「大学ができるまで」。創設から大学ができるまでに、追手門学院を支えてこられた3人のキーマンとなる先生がおられますので、その方々のお話をしたいと思います。

まずは自己紹介をします。私は小・中・高の12年間、この追手門学院の大手前キャンパスで育ちました。大学だけは、中国語を学びたかったので違う大学に進みましたが、大学卒業後、大手前中学・高校の国語科教員として母校に戻り、25年間教壇に立ちました。

3年前『追手門の歩み』テキスト版の制作に携わりました。続いて、漫画版の制作。この本は昨年12月に完成しました。今は第3弾『追手門の歩み』のDVD版をつくっています。これは、学校紹介DVDとは違って、大阪の歴史、文化の中で試行錯誤を繰り返しながら理想を求め続けた追手門学院の姿が見えればいいなと思っています。学院には貴重な古いフィルムや写真がたくさん残っていますので、それらも入れて。来年の3月にできあがる予定です。

さて、では本題に入りましょう。まず「自校教育とは何か」。自校教育とは、自分が入学した学校の歴史、建学の精神、教育理念、卒業生、在学生、今ある施設など、自分の通う学校について知ってもらうというものなのですが、私たちの大学時代には、こんな科目はありませんでした。ところが最近、自校教育が多くの学校で取り入れられています。では、どうしてこのような「自校教育」が必要なのでしょうか。

それは大学の選び方に、理由があると言われています。

たとえば、アメリカの高校生はどのようにして大学を選んでいるか。聞いたことありますか？　アメリカでは、まず、自分が学びたい学問分野、興味のあることを明確にさせます。たとえば、スポーツ心理学を研究したいとか、観光学に興味があるとか、将来起業したいのでマネージメントを学んでおきたいとか、そういう研究分野を先に決めて、その後、どこの大学に行けば学べるかを調べる。調べたあとは実際にその大学に足を運び、担当者と面談をすると、担当者が「研究に必要なので、もっと数学の力をつけておかないとダメですね」とか、「関連する施設でボランティアをやったほうがいいですよ」とか、「この分野を学びたいならば、こういう本を読んでおきましょう」とかというようなアドバイスをされるそうです。受験生は、入学前の面談で何度も大学に足を運び、大学のことや自分の研究分野についてよく知り、納得したうえで大学に入学します。だから、日本でよくあるように、入学後「こんな大学だと思わなかった」とか、「高校で生物を選択していなかったから、基礎がまったくわからない」とかというミスマッチは起きないですよね。

日本の場合はどうか。私も高校3年生の担任を何回ももちましたが、日本の進学指導って、そうはなっていません。模試の偏差値が大きなウェイトを占めます。懇談などでよくある会話。「今、英・数・国の3教科で平均偏差値50、受験まであと半年。頑張って英語が伸ばせたらこのランクの大学かな」。このような話を先生としませんでしたか。偏差値の話が先にあって、次にやっと専門です。「じゃあキミの行きたい学部は?」「経済か、経営ですかね」「どうして経済?」「いや、なんか経済とかだったら、会社に入ったときに役立ちそうじゃないですか」。こんな会話もよくありました。

こう言われたこともありました。「先生！　関関同立やったら、どこでもいいです、引っ掛かったところへ行きます。学部は問いません」とか。「指定校で早く決まるなら、まったく興味はないですが、経済でもいいです」とか。また、第1志望に合格できず、滑り止めで受けた大学に入るというのも多いですよね。こういう人たちは、当然その大学のことなどまったく知らずに入学します。もちろん、自分の研究したい分野がしっかり決まっていて、大学のこともきちんと調べてから受験する人たちもいますが、今お話したような〝不本意入学〟〝偶然入学〟というのが多いのも事実です。このような〝不本意〟〝偶然〟入学の人たちに、愛校心や帰属意識をもてと言ってもムリがありますよね。不本意であることをいつまでも引きずり「こんな大学なんか……」と思って通っていては、前向きな学生生活にはなりませんし、将来の夢も語れない。そういう人たちが、自分の居場所をきちんと知り、胸を張って学生生活を送るために自校教育はあるのです。

先ほどご紹介いただいたように、私は2年前から、「新入生演習」や「社会人基礎力講座」などで、自校教育として〝追手門の歩み〟についてお話をさせていただいています。一昨年、3・4回生が受講した「社会人基礎力講座」の授業後感想文に、胸が痛くなるものがありました。それを書いた学生は、本学が第1志望ではなく、まさかこの大学に来るとは思わなかったという〝不本意入学〟だったようです。3回生になる今までずっと「こんな大学に来るつもりじゃなかったのに」という気持ちを抱えていたようで、バイト先で、「大学どこ？」と聞かれたときにも、堂々と大学名が言えず、いつもはぐらかしていたそうです。授業で追手門学院の歩んできた歴史や、必死に学校を支えてこられた先生方、社会で堂々と活躍しておられる多くの卒業生たちの話を聞いて、初めて「あっ、自分のいるこの大学は、こんなにいい大学やったんや」と思えたと書いてありました。3回生になってからですよ。「これを1回生で聞いておきたかった。そうしたら2年間、学校名を隠し続けてくることはなかったのに」という感想文を読んだときには、とても胸の痛い思いをしました。

今日は、1回生のみなさんが多くおられるので、もしもみなさんがそういう思いを抱いているとしたら特に、この大学のことをよく知るということは、この大学を好きになれるきっかけでもあり、言い換えるとそれは、前向きな大学生活を送るきっかけでもありますので、今日と来週はしっかり聞いてもらいたいと思っています。

前置きはこれくらいにして。次はみなさんが日本の大学についてどの程度の知識があるかを、聞いてみたいと思います。質問。「1881年、明治大学が明治法律学校としてできあがりました。では、明治大学を含む東京六大学の中で創設が最も新しいのはどれでしょう」。A・慶應、B・東大、C・法政、D・明治、E・立教、F・早稲田。はい、いちばん新しいと思う大学に手をあげてください。

正解は、早稲田です。でも新しいといっても、いずれも120年以上の歴史があるんですね。

では、次の問題です。「関西で創設が最も古いのはどこでしょう」。A・同志社、B・立命、C・龍谷、D・京産、E・関大、F・近大、G・追手門〝学院〟――大学じゃなくて、学院ととらえてください、H・神戸学院、I・関学、J・甲南。はい、1つずつ聞くので、ちょっと手をあげてみてください。

正解は、龍谷です。龍谷大学は、1639年に開設され、今年で創立374年だそうです。1639年というのは、日本史的にいうと「島原の乱」の2年後、「鎖国」ができあがった年。龍谷のルーツは、西本願寺の「学寮」というお坊さんを育成する学校だったんですね。

普段我々は、予備校から出る偏差値ランクをみて「関関同立・産近甲龍」というよび方をしていますが、こんな人を育てたいという教育理念は、それぞれまったく違うということです。

次に、学生数をみてみましょう。私立大学在籍学生数順位。追手門学院大学は――今度は大学ですよ、全国597校中、何位の学生数でしょうか。

正解は、597校中第72位。追手門学院大学には、約6千人の学生がいるんです。このお話をするとみんな驚きますよね。小さい大学だというイメージがあるようですが、実は、大学は6千人の中規模校です。

ちなみに、学生数第1位は日大、6万8千人。第2位、早稲田、4万6千人。第3位が、立命館。では、関西私立103校中では、学生数順位はどれぐらいだと思いますか。

正解は、20位です。ちなみに、1位が立命館、2位が近畿大学。3位が関西大学、4位が同志社となっています。関西私立103校中で、我が大学は第20位です。中規模大学であることを、まず認識しておいてください。

さて、ではいよいよ追手門学院125年の歴史をみていきましょう。

今年2013年は、創立125周年で、4月に「おうてもんがくいんこども園」ができたので、生後半年の赤ちゃんから大学院生までが通う総合学園となっています。でも、創設から60年間は、小学校しかありませんでした。また、名前は追手門学院ではなく「大阪偕行社附属小学校」といいます。そして、後半の約60年間が、追手門学院の時代となります。

では、前半60年の第1期。「大阪偕行社附属小学校」の時代について、スライドを追ってみていきましょう。

1888（明治21）年、男子ばかり、91人でスタートしました。西日本初の私立学校です。

ここで、まず「大阪偕行社」について説明しましょう。これが、大阪偕行社の門と建物の絵はがきです（**図2・1**）。「偕行社」というのは、陸軍の親睦団体です。明治の時代、大阪城周辺には、軍関係の施設がたくさんありました。この偕行社では、会議や講演会、ときには結婚式もあったそうです。

図2・1　大阪偕行社の門と建物の絵はがき

この門柱をみてください。大阪偕行社の門柱は、現在も追手門学院大手前中・高の正門としてそのまま使っています。これは立派な歴史的建造物ですよね。学校の横のフェンスの下部も、実は当時の赤れんがなんです。

建物の煙突を覚えておいてくださいね。この建物は、戦争中に大阪大空襲で焼失するのですが、焼け跡にこの煙突だけが残り、その下で子供たちが遊んでいるという写真があとで出てきます。

ちなみに、この1888年という時代を、イメージできますか？　2005年に『春の雪』という映画がありましたが、大阪偕行社の中では、この映画のワンシーンのようなパーティが行われていたのではないでしょうか。

では、いよいよ学院をつくり、支えてこられた先生方についてみていきましょう。

「大阪偕行社附属小学校」を創設された高島鞆《たかしまとも》之《の》助《すけ》先生（**図2・2**）は、陸軍の軍人でした。生まれ育ったのは九州の鹿児島、薩摩藩です。

薩摩藩には、「郷《ご》中教育《じゅうきょういく》」というものがあります。これは、

図2・2　高島鞆之助

薩摩で古くからある、地域で子供を育てるという教育システムです。基本的には、縦割り教育。6歳から10歳までの「小《こ》稚児《ちご》」とよばれるグループの世話を、11歳から14歳までの「長稚児《おせちご》」がする。また、長稚児の世話は15歳から25歳までの「二才《にせ》」がするというものです。ボーイスカウトの縦割りシステムは、この薩摩の郷中教育にヒントを得たという話もあります。

教育内容としては、「素読」とよばれる漢文の音読、身体を鍛えるための「山坂達者」という、山道のランニング、「示現流《じげんりゅう》」とよばれる剣術の稽古、また、「詮議《せんぎ》」とよばれる判断力のトレーニングもありました。郷中の若者は、いざというとき適切な判断ができるように、さまざまなテーマについて問答形式で徹底的に話し合いをしたといいます。さらに、しつけ教育も厳しかった。「文武に励め」「刀を抜くな」などの道徳教育もあり、とにかく密度の濃いハードなメニューだったそうです。

そんな郷中教育の中で育ち、秀才として有名だった高島先生はやがて陸軍に入り、西郷隆盛に推薦してもらって明治5年から2年間、明治天皇の「侍従」、明治天皇にお仕えする仕事に就くことになりました。明治天皇が19歳、高島先生は28歳、年も近く、相撲をとったりするような親しい間柄だったと言われています。明治天皇からいただいたという品々もたくさんあり、これらは小学校の「高島ホール」のガラスケースに入っていますので、後日、小学校バスツアーでみてきてください。

明治10年、高島先生は西南戦争で偉大なる先輩・西郷隆盛を討つことになります。高島先生が「衝背《しょうはい》軍」、後ろから攻撃をしかけようという作戦を立てたというエピソードは、司馬遼太郎『翔ぶが如く』の中に描かれています。一度読んでみてください。

さて、高島先生は、西南戦争後、約1年間ドイツ、フランスに留学をします。留学先では言葉ができなくて、とても苦労されたそうです。そして、帰国後、陸軍に戻り、大阪鎮台司令官になります。「鎮台」というのは軍隊の単位としてはいちばん大きなものですから、そこの司令官ということは、大阪の陸軍のトップだということですね。この期間に、本学を創設することになったのです。

じゃあ、どうして学校をつくろうと思われたのか。高島先生が、大阪第四師団に来られたのは、明治18年。明治維新から日が経ち、世の中が道徳的に乱れてきたと感じられた高島先生は、これを正すのは小さい頃からの教育しかないと考えられた。そこで、国のためになる人材を育てようと、大阪偕行社の幹事長・今井兼利氏と話し合い、大阪偕行社内に学校をつくることになりました。それが我が追手門学院のルーツです。

設立の趣旨は「国家有為の人材育成」。今は、「国家有為」という部分を「社会」に変えて「社会有為」としています。社会のためになる人材を育成したい、それが本学の理念です。

さて、明治21（1888）年、開校式が行われます。創設当時から、小学校だけではなく、いずれは、幼稚園、女子裁縫学校、英語学校もつくろうと計画されていました。

大阪偕行社附属小学校の理念は、子供たちの身体を鍛え、国を愛する心を養い、「国家有為」の人材を育てること。めずらしいのは明治時代に、英語の授業を取り入れたことです。高島先生は、留学中に言葉で苦労されたということもあり、これからの時代に英語は欠かせないと思っておられたんですね。

図2・3　大阪偕行社附属小学校の明治時代の制服

明治時代の通学ファッションといえば、たいてい着物。教科書を包んだ風呂敷を小脇に抱えて、草履を履いて登校するスタイルですね。ところが、大阪偕行社附属小学校は一味違います。この写真（図2・3）をみてください。まず、フランス式の制帽に詰め襟、そして象徴的な虎じまの靴下。これは、軍隊のゲートルをイメージしたものです。この靴下は、今も小学校の夏服に残っています。当時、この服装の子供が街を歩くわけですから、さぞかし目立ったでしょうね。

創立記念日についてのこぼれ話をひとつ。今、創立記念日は5月29日ですが、実は大正時代までは4月29日だったんです。どうして変わったのでしょうか。

明治天皇の侍従番長だった高島先生が、大阪に学校をつくったということで、米田侍従という方が視察に来られます。小学校を視察された米田侍従が明治天皇に、よい学校でしたと報告された。それを聞いた明治天皇はとても喜ばれて、「大変素晴らしい。なお一層尽力し、成果を上げよ」というお言葉をくださった。そのお言葉を「聖旨」とよぶのですが、その「聖旨」をいただいた日が、４月29日です。明治天皇にお言葉をいただいた誉れな日を記念して、本学の創立記念日にしました。

ところが、昭和の時代になってから、「天皇誕生日」と重なったため、1ヶ月遅らせて、5月29日を創立記念日としたということです。

その後、高島先生は、陸軍大臣・枢密院顧問官などを歴任されました。高島先生の東京時代のお宅は今、上智大学内で「クルトゥルハイム聖堂」として残っています。また、高島先生のお墓は、青山墓地にあるのですが、現在学院が管理をしています。以上が、創設者・高島鞆之助先生のお話でした。

では、続いて2人目。

創設から約20年。大正時代になります。学校が困難な状況になりました。まず校舎が古くなる。創設当時から頑張ってこられた先生方も高齢で辞めていかれ、新しい先生ばかりになる。生徒数もだんだんと減少する。しかも、当時の校長先生が急に亡くなるという危機的状況に陥ります。何とか学校を立て直さなければならない。そこで招かれたのが、2人目の先生、片桐《かたぎり》武《ぶ》一郎《いちろう》先生（**図2・4**）です。

片桐先生は、若い頃からとても優秀で、25歳で大阪の道仁小学校の教頭をしておられました。ぜひ大阪偕行社附属小学校の校長先生になってもらいたいという依頼が片桐先生のところにきたとき、大阪偕行社は陸軍の親睦団体なので、その附属である小学校の教育方針にも陸軍の関係者が口を出すのではないかと心配されたそうです。そこで、大阪偕行社の幹事長と、軍が教育の中身に立ち入らないという約束をし、29歳で校長になられます。

この方は、そのあと25年間校長先生を務めるのですが、今の小学校教育の基礎をつくったのは、この方です。高島先生が学校をつくられましたが、教育の中身をつくったのは、この片桐武一郎先生なんで

図2・4　片桐武一郎

すね。
片桐先生は、「誠実、剛毅、自治」という校訓を設定され、改革に着手されます。まず、募集。大阪偕行社附属小学校は軍人を育てる学校ではなく、社会のいろんな分野でリーダーとなる人材を育てる学校だということで、軍人育成のイメージを変えて、広く400人の募集をしたところ、それまでは軍人の家庭がいちばん多かったのですが、会社員、銀行員、医師、商家の子弟が第1位、第2位になりました。また老朽化した校舎についても、第一次世界大戦後の不景気にも関わらず、小学校の灯を消さないでと寄付がたくさん集まり、新校舎を建てることができたそうです。
また片桐先生は、「子供たちに感動を与える場所を用意するのは教育の役割である」と、個性を育む学校行事を多く取り入れられました。たとえば朗読の上手な子、合唱・歌のうまい子、計算のスピードの速い子、書道が得意な子、手芸ができる子など、ひとりひとりが、胸を張れるような場所をたくさん用意されました。
さらに、「質実剛健」を徹底されました。この精神は小学

図２・５　大正時代、剣道の授業

校で現在も受け継がれ、文具などもギリギリまで使い、使えなくなったものを1年に1回、供養するという「学用品供養祭」なども行っています。

特色ある教育としては、剣道の授業（図２・５）。大正7年からは、剣道の寒稽古も行っています。早朝、始業前に剣道の寒稽古を行い、それが終わったあと、みんなで芋がゆを食べ、1時間目の授業を受けるというもの。現在、小学校では寒稽古ではなく暑中稽古として、夏の暑い盛りに実施しています。変更の理由は中学入試の日程の都合です。以前は3月だった中学入試が早まり、寒稽古の時期と重なったため、やむを得ず夏に変更されたそうです。

片桐先生の時代に始まり、今でも行われている行事に、臨海訓練・遠泳というものがあります。昔は中学もやっていました。小学校は3キロ、中学校で5キロの遠泳を最終目標にして、水泳訓練を行います。中学では、なくなりましたが、小学校の遠泳というのはいまだに続いています。

このように、25年間かけて、心と身体を鍛えるための特色ある教育をつくってこられたのが片桐先生です。時代が進み、

図２・６　焼け跡の煙突

昭和になって日華事変が起こり、日本はどんどんと戦争に近づいていきます。その頃になると、軍関係者が教育に口を出さないという約束も破られ、教育方針を軍人養成にしろとか、卒業生を士官学校に入れろとか、だいたい校長が軍人でないというのがけしからん、軍人が校長になるべきだ、などというようなクレームが来るようになりました。

１９３８（昭和13）年、戦争の直前です。片桐先生は、これ以上、自分がここに残っていたら、もっと理不尽な要求が突き付けられるだろうということで、創立50周年の記念式典を終え、静かに学校を去られます。これが2人目。本学の教育のベースをつくられた片桐先生という方です。

そして第二次世界大戦。子供たちが校庭で小学生用のサイズの短銃を構え、背嚢とよばれるリュックのようなものを背負い、頭に頭巾をかぶってほふく前進をする映像があります。これが体育祭の演目のひとつとして取り入れられていた。そんな時代だったんですね。

幻の大阪偕行社附属中学校についてもご紹介しましょう。実は、今の中・高は、大手前地区と茨木地区の2ヶ所にあるんですが、これは戦後つくられた学校なんですね。それ以前、昭和15（１９４０）年に、大阪偕行社附属中学校ができました。枚方の香里園のあたりです。

ところが戦時中にその学校の経営が厳しくなり、山下汽船の山水育英会に、経営をバトンタッチしました。そのときに校名も「大阪偕行社附属中学校」から、山水育英会が経営する「第二山水中学校」に変更します。

この「第二山水中学校」が戦後「香里中学校・高等学校」という名前になり、それが昭和26（１９５１）年に同志社香里中・高になるんです。つまり、同志社香里中・高等学校のルーツは本学だったんですね。

さて、戦後のお話に入りましょう。この写真（**図２・６**）をみてください。焼け跡に煙突が２本残っている写真、これが大阪偕行社の焼け跡です。その下で子供たちが遊んでいますね。大阪大空襲の際に大阪偕行社や校舎に爆弾が落ち、火の手があがります。当時の先生方は、大阪偕行社や校内にある院長の自宅が燃える中、校舎だけは燃やすまいと必死に火を消されたそうです。その甲斐あって校舎は守られ、最近まで小学校と中学校の校舎として使うことができましたが、残念ながら、大阪偕行社も院長の自宅も焼失しました。

さて、３人目、戦後の復興をされた八束周吉《やつかしゅうきち》先生（**図２・７**）のお話に入りましょう、戦前から戦後にかけて、本学は、大阪偕行社附属小学校から大阪偕行社学院へ、その後大阪偕行学園、またさらに大手前学園、そして追手門学院へと、４回も名前が変わっているんです。学院最大の存続の危機の時代です。どうしてそれだけ校名変更をしなければならなかったのか。八束先生の足跡をみていきましょう。

昭和16（１９４１）年に国民学校令が敷かれ、大阪偕行社附属小学校は、「大阪偕行社学院」に名前を

図2・7　八束周吉

変えます。昭和20（1945）年8月15日、終戦を迎えるとともに、GHQ（連合国軍総司令部）が日本に入り、それまでの日本の軍国主義を一掃することになります。

大阪偕行社は陸軍の親睦団体であったので、解散はやむなしでしょう。そうなると、自動的に附属小学校も解散ということになります。それだけは何とか阻止したい。学校だけは何とか残してほしいと、当時の山口院長を中心に必死になって交渉されました。GHQからはいくつもの要求が出ます。学校名を変えよ、校章を変えよ、制服も変えよ、団体訓練は軍隊のようなので廃止、男女共学にせよ。それらの条件を全部飲み、学校名も「大阪偕行学園」に変えます。

ところが、GHQは学校存続に尽力する山口院長に、追放命令を出します。理由は、山口院長が元陸軍大佐であったから。すべてを否定され、先が見えないときに、学校を引っ張ってきた先生が追放される。学校存続の危機ですね。そこで招かれたのが、3人目、八束周吉《やつかしゅうきち》先生です。

八束先生は、愛媛県で教員をしていました。その後、朝鮮半島に渡って、約20年間教員を務めます。韓国併合ってわかりますか?　これは1910（明治43）年から35年間、日本が朝鮮半島全域を日本のものとして領有していた時代のことです。朝鮮人が差別されることが多かったなか、八束先生は、自分が校長を務める学校では、日本人も朝鮮人も、行事も教育内容も一緒、絶対に差別はさせないという方針だったそうです。たとえば、行事。ユダルサンという山が学校のすぐ裏手にあったそうですが、その山を1周まわると約8キロ。それを、日本人・朝鮮人合同、10人1グループにしてタイムレースをしたそうです。10人もいると、8キロの長距離を走るのが苦手な子もいますよね。グループでのタイムレースなので、遅い子を置いていくことはできない。すると最後は、日本人、朝鮮人関係なく、走れなくなった子をおんぶして、必死になって走って帰ってきたというエピソードなどもあります。

だから、朝鮮半島での20年間を敗戦で終え、多くの日本人が「石もて追わるるごとく」、朝鮮から命からがら戻ってくるというなか、八束先生が日本に引き揚げる際には、保護者の方が荷物を運んだり船の手配をしたり、引き上げの手伝いをされたそうです。八束先生の思いが伝わっていたんでしょうね。

さて、日本に戻られた八束先生が、本学に着任されます。そこへ、ＧＨＱによる新たな要求が出ます。「大阪偕行学園」も「大阪偕行社」の名残りがあるからダメ。校名変更せよ、と。さらに戦前からいる教職員を全員解雇しろという要求まで出されます。さあ、八束先生はこのＧＨＱからの全員解雇の要求を、どうやって切り抜けたと思いますか？

答え。八束先生は、本当に一度、全員を解雇するんです。そして新たに「財団法人大手前学園」という法人を発足させ、その大手前学園の教員として、解雇した人たちを全員新たに雇い入れました。八束先生の機転によって、先生方も救われました。でも、もう一度校名が変わることになります。

学校が大手前の地にあるから「大手前学園」としたのですが、残念ながら先に「大手前高校」という公立高校が、斜め前にあったんですね。校名が非常にまぎらわしいということになり、現在の校名「追手門学院」になります。

「追手門」というのは、「お城の正面玄関」という意味。ちなみに「追手門」が正面玄関、裏門は「搦《からめ》

図2・8　中学新校舎

手《て》」といいます。学校がお城の真ん前に建っていることから、学校名をお城の正門・追手門としました。この「追手門学院」という校名でやっと落ち着きます。

そして1947（昭和22）年に新たに中学校（図2・8）をつくり、3年後、高等学校をつくりました。中学入学式の写真を見ると、大阪偕行社附属小学校時代の制服が混じっています。戦後のモノがない時代だったんだなあと思いますね。高校入学式の写真もあります。制服もそろい、中学の時に比べて落ち着いた感じですね。この3年間の復興はめざましいものだったんでしょうね。

八束先生は、学院歌もつくられました。戦前にも学院歌があったのですが、その歌詞は「かたじけなくも／聖旨／台旨／下したまへる／吾が校の／たぐひ稀なる／この誉」。これは戦後の民主主義の時代にはそぐわないということで、この時代にふさわしい新たな学院歌をつくることになりました。

実は学院歌をつくるということで、歌詞を広く一般の先生に公募したのですが、学院歌の歌詞なんておそれ多いと、まったく集まらなかった。そこで、八束先生がたくさん応募してもらうための呼び水として作詞し、「応募がありました」といって先生方にみせたところ、「あ、その詞、いいですね、それにしましょう」という話になった。八束先生は、「応募があった」と先生方に言った手前、「実は私が書いたんです」とは言えなくってしまって、しばらくは、「作詞は追手門学院」という形で隠していたというエピソードがあります。

歌詞の歌い出しの部分、「金城のいらかは高く／青空は果てなく広し」。ここ茨木キャンパスにいると、「金城のいらか」の向こうに広がる果てない青空をイメージしにくいと思いますが、今度バスツアーでぜひ小学校スカイホールに上がって、この光景をみてきてください。この大阪城と空を、八束先生も歴代の先生方もみていたんだな、と思いながら。続きの歌詞、「相かざす／民主の旗に／新しく／国を築かん」。戦後、新しい価値観で、新しい国を、自分たちが築いていくのだという決意。戦後復興の決意とエネルギーを感じる歌詞ですよね。

さて、その後、八束先生は、戦後の新しい教育を取り入れながらも、極端な自由主義に走ることは危険だと「中道の道」を唱え、新しい民主主義教育の中に、伝統的なよさや学校行事などを入れ込み、復活させていかれます。学院の古い伝統と新しいものの融合ですね。特に、片桐先生がやってこられた25年間の教育方針が素晴らしいということで、道徳をベースにし、詰め込まないけれども放ったらかしにもしない、個人を大事にするという教育方針を立てます。「教育とは教育しないこと」。これは名言ですね。教師ってついつい、一から百まで教え込みたくなるんですが、それはやっぱり教育ではない。生徒が主体的に考えるように導く。難しいけれど、目指すべきところですね。

そして、戦後の動乱期を乗り越え、伝統行事を復活させ、規程を整理し、自ら定めた定年制に則り、八束先生も退職されます。
今日は追手門学院を支えてこられた3人の先生方の紹介でした。来週の「学び論A」は、その続き。万博直前の大阪に誕生する大学と幼稚園、総合学園のスタートです。

追手門学院大学誕生　そして現在へ（後半）　山本直子

こんにちは。山本です。先週と今週の2回の授業で、125年の「追手門の歩み」をご紹介することになっています。先週は、大学ができる前までの約80年間を駆け足でみてきました。学校をつくり、支えてこられた3人の先生方、創設者・高島鞆之助先生、本学の教育のベースをつくられた片桐武一郎先生、そして戦後、学院の復興をされた八束周吉先生のお話でしたね。今日はまず、先週みなさんから出た質問にお答えし、そのあと4人目の先生・天野利武先生についてみていこうと思います。

では、質問から。

「片桐武一郎先生は、29歳で校長に就任したそうですが、それまで何をされていたのですか。また、そんなに若いのに、なぜ校長先生に推薦されたんですか」。答えは、この『追手門の歩み』にあります。134、135ページです。

片桐先生の実家は、武家でした。今でいう泉南郡岬町の生まれ。先生のお父さんは、明治維新後、村役場の役人として働いておられたそうです。当時、尋常小学校は4年まで。その後、希望するものだけが、高等小学校に進学するという時代です。片桐先生は成績もよく、進学を希望したのですが、地元の村には高等小学校がない。そこで、学校のある和歌山のおばあさんのところに身を寄せ、そこからに通学をしていたそうです。このおばあさんがしっかりもので、片桐先生は「武士たるもの」と、厳しくしつけられたんですね。でも、このおばあさんは単に厳しいだけではなく、文学や芸術への理解も深く、時事問題にも詳しいという女性だそうで、片桐先生はここで4年半生活し、おばあさんの影響を大きく受けたといいます。高等小学校卒業時は、成績優秀で知事賞を受賞。さらに上の学校に進学、となるのですが、卒業の1年前、お父さんが47歳の若さで亡くなり、お母さんがひとりで家計を支えておられました。進学したいけれど、また授業料が必要になる。母を助けたいという思いから、和歌山県の新聞社に活版工、印刷をするための文字組の仕事ですね、そこで働くことにされました。

この時代、学校制度が定着し、小学校に通う子供がどんどん増えてきて、小学校教員が不足します。そこで、文科省は教員を増やすために、授業料無料の師範学校、教員養成学校をつくりました。これを知った片桐先生は、願書を出し2年間の寄宿舎生活をして、準教員としての免許を取得されます。そのとき15歳。さらに準教員として働きながら受験勉強をし、正教員の資格がとれる大阪師範学校本科に入学します。そこを卒業し、特に優秀なものは、大阪師範学校附属小学校勤務となるのですが、片桐先生はそこに採用されました。さらに、25歳で大阪市立道仁小学校というところの教頭先生になる。当時、校長先生も不在で教育の軸を失っている本学が、人選に困って大阪市の学務課に相談したところ、優秀で有名だった片桐先生のお名前が出たようですね。29歳で校長先生になられたというのは、昔は今と違って働き始めるのも早かったというのもあるのですが、片桐先生が飛びぬけて優秀だったということもあるのですね。

では、本日は、「追手門の歩み」その2。「追手門学院大学誕生　そして現在へ」。学院を支えた４人目

図2・9　天野利武

の先生、天野利武先生についてみていきましょう。

1961（昭和36）年、八束周吉先生が退職されます。この頃から、中・高の生徒数がどんどん増えてきます。大手前キャンパスは大阪城の真ん前にあって、とても交通の便のよいところなんですが、校地が非常に狭い。教室、体育館、運動場が生徒で溢れるんですね。これは教育的ではない。どこか広くて環境のよいところはないかというのは、当然出てくる声です。と同時に、小・中・高とつくられてきたので、総合学園を考えると、やはり大学と幼稚園が欲しい。学院内でこのようなことを一気に進めていける人が必要だ。誰か適任の方はおられないか。ということで、招かれたのが、この方（図2・9）、4人目の天野利武先生です。

天野先生は中学時代、作家志望の少年だったそうです。高校時代に速水滉という心理学の先生と出会い、東京帝国大学で心理学の研究をします。速水先生が日本の統治下にある朝鮮半島の京城帝国大学の教授になったということで、その先生を追いかけて朝鮮半島に渡り、速水先生の助手になられます。以後、18年間、京城帝国大学、ソウル大学の前身ですが、ここで心理学の研究活動にいそしみ、助教授、教授になられます。当時の京城帝国大学の心理学は、日本とは比べ物にならないくらいにレベルが高かったそうです。ここは、終戦とともに閉鎖になります。

終戦後、天野先生は日本に引き揚げてこられ、立命館大学の教授ののち、京都府の教育長に就任されます。この頃、金閣寺再建問題で京都府の蜷川知事と対立します。現在、みなさんがみている金閣寺は、実は再建されたものであることを知っていましたか。金閣寺は、１９５０年に21歳の見習い僧に放火され、炎上しました。三島由紀夫の『金閣寺』を読んでみてくださいね。その金閣寺の再建問題で、天野先生は当時の京都府の知事と対立されます。天野先生は、これからの国際化の時代に、真の国際人となるためには、単に英語が話せるだけではなく、話す内容が重要だし、何よりも自分が生まれて育った国の文化や歴史を知り、それに誇りをもつことが重要だと、金閣寺再建を強く主張されます。商工会議所の会頭の集まりに、金閣寺の住職とともに行き、ぜひとも協力してほしいと頭を下げるなど、ひとつひとつの活動のおかげで、ついに京都府、財界が理解を示し、再建に向けて動きだしたということです。今、日本の伝統文化のシンボルのように思われている金閣寺は、天野先生の尽力の結果、再建されたものだったのですね。

天野先生は、しばらくは京都府教育長として、教育行政の骨格をつくるようなお仕事をしておられましたが、やはり、本来の研究活動に戻りたいということで、教育委員会の人々が強く引き止めるのを振り切り、新しく心理学部ができた大阪大学文学部に教授として就任されます。大阪大学での専門は、まったく人に慣れていない野猿の研究。現・武庫川女子大学学長の糸魚川直佑先生は、天野先生の助手を勤められ、岡山県の山奥にテントを張って野猿の調査研究をしておられたそうです。天野先生は、京城帝国大学時代に、探検隊としてモンゴルの奥地に行った経験から、モンゴルの「包《パオ》」が建てやすく便利だということで、岡山の山奥での調査にも「包」を立てて、そこで寝泊りして観察していたそうです。

さて、その天野先生が追手門に来られたのはなぜか。『追手門の歩み』の１８７ページです。

「いよいよ、大阪大学に骨をうずめることになるのかと思っていた天野だが、さらにまた、大きな転機が訪れる。60歳を目前にした1964年のことであった。東京オリンピックが開催された年であり、日本全体が高度経済成長のまっただ中を走っていた時代である。そして、戦後のベビーブーマーである団塊の世代が、ちょうど大学入試を迎えようという時期でもあった。

この時期、追手門学院では、大学の改革を考え始めていた。創立80周年を記念してのことである。しかし、そのためには、文部省との折衝もあれば、人材を集めなければならないし、施設の拡充もおこなわなければならない。追手門というのは歴史のある学校であるだけに、逆に、そうした新規開設については、経験を持つ者が少なかった」

ということで、当時の理事長――三洋電機の社長――が、学院長――大阪毎日新聞社長――に依頼して、文部省事務次官に適任者を紹介してほしいとお願いしたところ、天野先生のお名前が出たそうです。是非にと頼まれた天野先生は、大阪大学を辞めて、追手門学院の学院長に就任をされます。

天野先生を待ち受けていた難事業は3つありました。1つ目は、大学開学。2つ目は、校地が狭くて教育環境がよくない高等学校の移転。3つ目は、幼稚園の開園です。

1つ目の大学開学は、なんと天野先生が追手門学院に就任されて、わずか1年半で成し遂げられました。

2つ目、高等学校の移転ですが、みなさんは本学に中高が2つあることを不思議に思ったことはないですか。この移転計画が、２つの中高の発端です。

当時、大手前に中学と高校があった。校地が狭いので、高等学校を移転することになった。ところが、大手前はとても交通の便がよいので、生徒の通学区域が広く、京都、兵庫、奈良、なかには和歌山や三重から通う生徒もいました。和歌山近くの生徒に茨木まで通いなさいというのは、ムリがある。そこで、高校1クラスだけを大手前に残し、残りを茨木に移転することにした。ところが時間が経過し、大手前も高校の募集を行い、茨木も中学の募集を行い、学院は中・高を2つずつもつことになりました。

中・高は、その後、約40年は大手前と茨木の2ヶ所で別々の教育を展開することになったわけです。

３つ目の幼稚園開園。ここを「豊中キャンパス」とよんでいるのですが、場所は、北大阪急行線の千里中央と桃山台の間にあります。開園の翌年に大阪万博への会場アクセスとして北大阪急行ができ、とても便利になりましたので、園児も一気に増えました（図2・10）。今年、同じ敷地内に「こども園」ができましたので、今は0歳から6歳まで、約４００名の子供たちがいます。

天野先生のお話に戻りましょう。昭和41（１９６６）年、大阪府立厚生会館で行われた1期生の入学式の写真（図2・11）が『サンデー毎日』という週刊誌に掲載されました。当時は、式服と普段用の2種類の制服がありました（図2・12）。

図2・10　大阪万博に鼓笛隊として参加する幼稚園児

天野先生は、追手門学院に「真の大学をつくる」ことを目標に掲げられました。そのために必要なのは、倫理的価値、健康的な感性、確固た

図2・11　大学1期入学式

昭和41年4月23日（第一回入学式、大阪府立厚生会館）

図2・12　大学入学式（『サンデー毎日』に掲載）

る個性、日本文化・歴史に対する正しい理解、科学技術に関する知識。こういうものを身に付けた学生を育てるというのが、追手門学院大学における天野先生の理想でした。

その実践として、まず、国際教育に力を入れられました。語学研修と異文化体験を目的に海外セミナーを実施されました。今でこそめずらしくないですが、50年前はとてもぜいたくなことでした。第1回アメリカ研修は、天野先生ご自身と、テレビなどで有名な評論家であり、本学の助教授であった竹村健一氏が引率されました。

また、インド・グジャラート大学と交換留学のシステムもスタートされます。これは、今年で43年目となります。今でこそインドに、色々な大学の事務所ができていますが、当時、インドとの交換留学というのはとてもめずらしいことでした。

追手門学院大学に留学をしていたインド人学生は、本国に帰ったのちは、会社の社長、役員、知事などという役職に就く方が多いそうです。その方たちは、追手門学院の卒業生グループ「桜会」を結成され、今でも一丸となって、後輩である日本への留学生の支援をしたり、帰国後の世話をしたりしておられるそうです。

将軍山会館に「ガンジー・キット」という、ガンジー学習セットがあります。これは、インド政府から天野先生にいただいた貴重なものということで、天野先生がお辞めになるまで学長室に大切に置かれていたということです。いま将軍山会館に何気なく置いてありますが、たいへんなものなんですよ。

大学創設の翌年、竹村健一さんの提案で、オーストラリア研究所もできました。これは、日本初のオーストラリア研究機関です。本学の図書館の３階に、オーストラリア・ライブラリーがありますが、２００７年オーストラリア政府が書籍などを寄贈され、できあがったものです。貴重でめずらしい文献もたくさんあるそうですよ。

大学は今年で47周年、５学部８学科ありますが、開学時は2学部４学科、学生数はわずか５１７名でした。今は、約6千人、10倍以上の学生数になったんですね。

さて、天野先生のご尽力で、大学ができ、幼稚園ができ、念願の総合学園になったわけですが、その後、約40年間は、それぞれの学校があまり交流することなく、独自の教育活動に邁進してきました。今から5年前の２００８年、１２０周年を機に、総合学園としてもっと連携し、よさを共有しようという動きになってきました。昨年、一貫連携教育機構ができあがったのも、その意図からです。

現在、世界中で活躍する大学の卒業生は、約４万人。みなさんの先輩が、４万人もいるんですよ。ここに『追手門学院の履歴書』という本を3冊もってきました。追手門学院の卒業生たちが、我が母校について語っているものなのですが、この中にも各界で活躍する大学卒業生がたくさん掲載されています。今からは、世界で活躍する先輩たちを紹介していきます。

まずは、みなさんご存じの大学1期生、宮本輝さんです。図書館に入って左に宮本輝ミュージアムがありますよね。この方は、『螢川』という作品で芥川賞を受賞しておられます。『青が散る』という作品があります。これは宮本輝さんご自身が、追手門学院大学の1回生の時にテニス部に入部し、まだ校舎も全部建っていない中、毎日毎日友だちと一緒にテニスコートをつくるところからスタートしたという、その頃のお話が描かれています。「テニスコートの資材を買うお金もない」と学長・天野先生に交渉したところ、先生はご自分のポケットマネーから、これで買いなさいと言って寄付してくださったというエピソードも入っています。当時の大学生の話がリアルに描かれていますので、上下2冊になっていますが、厚いと尻込みしないで読んでみてください。そして、文章表現コンクール『青が散る』AWARDにも、参加してくださいね。

2人目。みなさん、このようなお店に行ったことがありませんか。「つるまる」、「串家」、「芋と大根」、「まいどおおきに食堂」、「かっぽうぎ」。大学の食堂の1階、「追手門食堂」もそうです。これらの経営をしておられるのが、大学経済学部の8期生、フジオフードシステムの藤尾政弘さんです。この方は日本全国、遠くはハワイにも出店しておられて、全部で652店舗あるそうです。10日ほど前、『魔法のレストラン』という番組にも出ておられました。本社は南森町。この方も、みなさんの先輩です。

ご存じ、円広志さん、経済学部卒業。1978年にヤマハがやっていた「ポプコン」というコンクールで受賞し、『夢想花』でデビュー。80万枚の大ヒットとなりました。「飛んで、飛んで」というフレーズはみんな歌えますよね。この方も先輩です。

そのほかに、いつも通学でお世話になるスクールバスの大阪緑風観光。ここの代表取締役社長も、小・中・高・大と16年間、追手門学院で育った方です。経営者として青年会議所やライオンズクラブ、ロータリークラブなどに行くと、追手門学院出身者の多さに驚くそうです。関西経済界での追手門ネットワークというのは、とても大きな力をもっていると言っておられます。追手門学院出身者が関西の経済界の担い手になっているといっても過言ではないということですね。

中国ビジネスの起業家もおられます。赤松輝之さん。アジア学科を卒業し、専門を活かして、日本から中国に飲食店を出す際にオリジナルブランドを考案するなど、いろんな中国ビジネスを始められました。この方のように大学での専門を活かして自分でビジネスを起こされる方もいます。『追手門の履歴書』には「スペシャリスト編」というのがあります。これは、税理士、公認会計士、社会保険労務士とよばれるような資格をとって働いておられる方をまとめたものです。こういう方も大学卒業生にはたくさんおられます。

大学の専門とはまったく関係なく、夢を叶えておられる方もおられます。心理学科卒、家田厚志さん、指揮者。音楽の修行はそれまでまったくしていなかったそうですが、大学3回生になってオーケストラの指揮者になりたいと考えたそうです。そこから、オーケストラの修行をして、劇団四季の「オペラ座の怪人」の日本初演の指揮をされたり、現在は、フィルハーモニア東京の指揮者を務めたりしておられます。

同じく心理学科卒の蔵元三四郎さん。大学卒業後、サラリーマンをされ、その後シナリオライターになられます。『太陽にほえろ』とか、『遠山の金さん』とか、『暴れん坊将軍』などの脚本を手がけておられます。

写真家、亀村俊二さん。この方は、経済学部の三﨑一明先生のゼミ生だったそうです。三﨑先生、今

図2・13　オリンピック壮行会

も現役の教授ですね。亀村さんは、繊維業界に就職が決まっていたけれど、なんか違うなと感じたそうです。そこで三﨑先生に相談に行ったところ、三﨑先生は「どうしても写真家になるんやったら、人の2倍働かなあかん」とおっしゃったと。その三﨑先生の教えを守って2倍働いたそうです。今では、京都、大阪、東京、パリと、世界で個展を開くような写真家になっておられます。

巽樹理さん。シンクロの元オリンピック選手です。シドニー大会で、チームで銀メダル、アテネ大会でも銀メダルを取っておられます。この3月まで入学センターで職員として働いておられました。同じシンクロで、去年、吉田胡桃さんがロンドンオリンピックで頑張ってこられましたね。あ、今、受講してますね、これは壮行会のときの写真（図2・13）です。

世界へ出ていくのではなく地元の小さい島に戻って活動をしておられる方もいます。山戸孝さん。この方はアジア学科卒で、祝島という瀬戸内海に浮かぶ小さい島が故郷だそうですが、「神舞」という踊り手として島に帰ったときに、対岸に原発が建つという計画を聞き、反対運動を始められました。その活動を追ったドキュメンタリー映画『ミツバチの羽音と地球の回転』が、鎌仲ひとみという監督さんの手で2年前にできました。
前学院長・竜田邦明先生。小・中・高と追手門学院の出身です。93の天然化合物を合成された化学者です。そのうち90種は世界初で、学院の中でいちばんノーベル賞に近い人じゃないだろうかと言われています。私は、竜田先生のこの言葉がとても好きなんです。

「最初から、化学の才能のある人などいません。あらかじめ備わっていると思うのは間違い。継続することで出てくるものです。どんな商売でもこれは同じで、最初からラーメン屋になれる才能がある人はいません。それに打ち込むことで、やっと才能になるんです」

よくいますよね、さほど努力していないのに「自分には才能ないからやめる」とか、「芽が出ないからやめる」って言う人。何でも続けてみないとわからないですよね。「石の上にも三年」という言葉があるように、継続することで、見えてくるものってあると思うんです。みなさんも何かやりたいことがあったら、続けてみてください。「才能とは、夢を見続ける力のことである」っていう言葉もあります。とことん納得いくまでやってみないと、中途半端なままですからね。
川原俊明理事長も、本学の卒業生です。今、弁護士と理事長という激務をこなしておられるんですが、中高時代は成績がよくなかったと言われます。高校2年生のときに、ふと進路に目覚め、そこからは猛勉強したそうです。

理事長がよく言っておられるのは、「バランス感覚」。物事はいろんな角度から見なければならない。たとえば、コップって、上からみたら丸ですよね。でも、真横からみたら四角。ひとつのものでもみる角度によって感じ方や見え方が異なるということを忘れてはならない。「俯瞰する」という視点、必要ですよね。

いろいろな卒業生の方をご紹介しました。みなさん各界でめざましい活躍をしておられます。今ここにいるみなさんも、堂々と夢に向かって踏み出してください。今からで遅くないですよ。どんな道でも開かれていることをお忘れなく。

最後です。開学以来、我々教職員の思いはひとつ。学生・生徒・児童・園児のみなさんには、強い体と強い心、しなやかな感性をもって自分の夢に向かって踏み出してほしい。身体と心が強いことって、特にこれからの時代、大事です。そして、しなやかな感性。かたくなに拒むのではなく、しなやかな感性をもって自分を取り巻くものを見つめてください。

そして社会それぞれの分野で、リーダーとして社会をつくることのできる人になってほしい。この思いは、125年間、ずっと受け継がれているものです。「独立自彊・社会有為」ですね。

どうか、みなさん、それぞれにこの大学での学生生活を、楽しく実りあるものにしてください。そして、先生、友人、先輩、後輩と実り多い人間関係を築いてください。学生時代の恩師や友だちは、最も厳しい批評家であり、いつまでも味方をしてくれる人たちです。

竜田元学院長は言っておられます。

母校は「母港」。

社会へ出て、大しけになって、どっちに進んだらいいかわからないと思ったときに、帰ってくる港。みなさんにとって、この追手門学院大学が、そういうところであってほしいなと思っています。

そして、それを全力でサポートするのが、私たち教職員の責務だと思っています。みなさんが笑顔でこの大学に来てよかったと言って卒業されることを心から願っています。

学院志研究室の成果から（学院志研究室・研究員）

第5回目と第7回目は、学院志研究室の研究員に、日頃の研究成果を披露してもらった。2013年4月、教育研究所の「学院史研究グループ」が発展・解消して、一貫連携教育機構の傘下に「学院志研究室」として再編された。経済学部教授・三﨑一明氏を室長、審議役・吉田浩幸氏を副室長として、6名の研究員（国際教養学部教授・永吉雅夫氏、経営学部教授・梶原晃氏、教育主事・山本直子氏、元 追手門学院中高教諭・藤原栄一氏、総務課校友周年事業係長・藻川芳彦氏、管材係長・谷ノ内識氏）と、1名の調査員（元追手門学院大手前中高教諭・横井貞弘氏）が選出された。現在、学院創立者・高島鞆之助をはじめとした学院功労者、およびその周辺の人物に関する文献収集や旅行取材を進めている。本節では、3名の研究員の最新の研究成果を掲載した。

高島鞆之助先生の功績を訪ねて

吉田浩幸

こんにちは。みなさんの先輩であり、学院志研究室のメンバーでもあるということで、本日は、追手門学院の創設者の旧跡をかいつまんでお話させていただきます。そして、私が追手門で歩んできて思うところも、最後に少し触れてみたいと思っています。メインテーマは、学院の創設者「高島鞆之助先生の功績を訪ねて」ということです。

みなさんは西南戦争をご存じでしょうか。現在の高等学校では、日本史は選択科目になっていますので、世界史と違い、習っていない方がいるかもしれませんね。西南戦争とは、明治新政府に不平をもった薩摩の武士たちが「征韓論」などを主張して、西郷隆盛を盛り立てて反乱を起こした戦いです。高島先生は、政府軍の一員として薩摩軍を迎え撃った方です。特に高島先生は、熊本城を攻撃していた薩摩軍に対し、背軍、つまり有明海の方から迫っていって、西郷隆盛の軍を追いやったということです。それと同時に、補給経路だった鹿児島と熊本の道を断ち、大変な功績をあげられました。その功績によって明治新政府では多くの要職に就かれました。

図2・14　西南戦争官軍司令長官写真付き小物入れ

配布資料の「小物入れ」の写真（**図2・14**）は、西南戦争の政府軍司令官が写真となって扉に貼り付けられています。これを紹介したのは、『大学時報』という日本私立大学連盟の機関紙です。私が「だいがくのたから」という連載記事を担当したときに紹介させていただきました。読まれた全国の方から多くの問い合わせをいただきました。しばらくの間はこの応対にちょっと手を焼いたくらいでした。

この小物入れは、一昨年、オーストリアで発見されたものです。多分、高島先生が明治新政府の要請によって、フランス、ドイツの方へ出張に行かれたときのお土産物だったのだと思います。ドイツではヴィルヘルム皇帝の観兵式に参列、フランスでは政府より勲章を受けるなど、多くの場所で交歓があったと推測されます。これが134年ぶりに日本へ帰ってきました。それと同時に、追手門学院大学の手元に届いたということです。

現在、本学の学院志研究室では、追手門学院に関する資料（創設者や偕行社の古写真、大阪城古地図など）を収集し、研究しております。日本中にある古美術商とか古書店などに、「追手門学院に関係するものがあったら、ぜひお声を掛けてください」とお願いしていたところ、この小物入れを追手門学院で入手することができ、現在、将軍山会館の1階に展示しています。レプリカではありません。本物です。みなさんは、第1回目の「学び論A」の授業で将軍山会館に行っておられるので、そのときにみていただいたかと思います。その中に高島鞆之助先生が写っております。写真のいちばん左側です。これと同じものが写真だけですが、日本大学にも所蔵されています。

なぜ日本大学がこの写真をもっておられるのかと申しますと、この写真の中央に山田顕義という方が写っているからです。日本大学の創設者です。のちに法務大臣などを勤め、法曹界で活躍された方です。現在、日本大学もこの写真を宝物として大事にされています。

写真に写っている11名の方は、西南戦争で活躍し、のちに明治政府においても大変な要職に就かれ活躍された方々ばかりです。もちろん我々の追手門学院の創設者である高島先生も、陸軍大臣、拓殖務大臣など多くの大臣を経験されています。高島先生の右手の野津鎮雄をはじめ、曽我祐準、山田顕義、大山巌、三浦梧楼、井田譲、中牟田倉之助、谷干城、三好重臣、伊東祐麿といったような方々も同じです。なかでも谷干城は、熊本城に籠城しまして西郷と戦った方です。その背後から高島先生が攻め入って薩摩軍を追いやり、谷干城を救ったのです。のちに学習院の院長にもなられた方です。

高島先生の「年譜」（**表2・2**）をみてください。特に追手門学院との関係が深いところに注目したいと思います。1885年5月21日、大阪鎮台司令官、すなわち、大阪に置かれた陸軍の駐留部隊の総責任者として、高島先生は大阪に来られたのです。その後、1888年4月3日、43歳のとき、追手門学院の前身である、大阪偕行社附属小学校を大阪城の畔に開校されました。これが追手門学院の発祥の地となっています。そしてのちに、明治・大正の両政府の枢密顧問官など、数々の要職に就かれております。そして1916年1月11日に京都の伏見で逝去されました。なぜ京都の伏見だったかというと、若いときに明治天皇の侍従をされていたからです。明治天皇が眠られる京都の伏見の御陵を元旦に参拝され、帰られたのち、体調を壊されて、11日の日に亡くなられました。その後、ご遺体は特別列車で京都から東京まで運ばれ、葬儀には千人を超える方が参列したそうです。そして高島先生の死を惜しむ号砲が東京中に鳴り響いたと、当時の新聞に掲載されております。

次の写真は高島先生の「ご自宅」（**図2・15**）です。クルトゥルハイム聖堂という形で、今でも東京の上智大学の構内に残っております。関東大震災でも倒壊せず、太平洋戦争時の爆撃に遭うこともなく、この旧高島邸が残っております。現在は上智大学のイエズス会がミサをあげるときや、卒業生などの結婚式とかに使われています。

次に、「江戸・明治・現在の地図」（**図2・16**）が3つ並んでいます。同じ場所を記した、江戸時代と明

表2・2　高島鞆之助年譜

1844（弘化元）年1月	薩摩藩士高島喜兵衛の第4子として、鹿児島城下に生まれ薩摩藩の藩校造士館に学ぶ。
1862（文久2）年3月	島津久光に従って京に上り、禁裏守衛の任にあたる
1864（元治元）年1月	奥小姓に抜擢、藩主の側近として護衛の任にあたる
1868（慶應4）年1月	戊辰の役で、鳥羽伏見より越後路に向かい、各地を転戦
1871（明治4）年7月	明治天皇の侍従となる
1874（明治7）年5月	陸軍大佐（陸軍省第一局副長）となる
1875（明治8）年2月	教導団長として下士官の養成にあたる
1877（明治10）年3月	西南戦争の別働第一旅団司令長官として奮戦
1879（明治12）年2月	フランスとドイツを視察
1880（明治13）年4月	熊本鎮台司令官となる
1881（明治14）年2月	大阪鎮台司令官となる
1882（明治15）年7月	壬午の変で、朝鮮政府と交渉
1883（明治16）年2月	陸軍中将、西部監軍部長となる
1884（明治17）年7月	子爵を授けられ、華族に列せられる
1885（明治18）年5月	再び大阪鎮台司令官となる
1888（明治21）年4月	大阪偕行社附属小学校創設（現追手門学院小学校）
1891（明治24）年5月	第一次松方内閣で、陸軍大臣となる
1892（明治25）年8月	枢密院顧問官となる
1895（明治28）年8月	台湾副総督となる
1896（明治29）年4月	第二次伊藤内閣で、初代拓殖務大臣となり、同年の第二次松方内閣では陸軍大臣も兼務
1899（明治32）年2月	再び枢密院顧問官となる
1915（大正4）年11月	大正天皇の即位の御大典に参列
1916（大正5）年1月	京都伏見にて逝去（71歳）

図2・15　クルトゥルハイム聖堂（旧 高島邸）

治時代と現在の地図です。江戸時代には尾張名古屋藩の徳川家の屋敷があったところです。この広い土地に、明治になり高島邸が真ん中、その下にはオーストリアの大使館とか井伊直安家の屋敷とか、いろんな建物が建ちました。それが現在では、上智大学のキャンパスになっております。S・J・ハウスというのは、神父さんたちの住んでおられる宿舎のことです。先ほども言いましたが、高島邸は残されておりますが、一般公開はしておりません。見学するときには手続きをとらなくてはいけません。我々追手門学院の関係者が見学に行くときには、特別に上智大学に配慮をいただいております。

上智大学の方は、「大学が繁栄しているのはクルトゥルハイム聖堂で、毎日お祈りができるからです」とおっしゃいます。追手門学院の関係者として嬉しく思っています。みなさんも東京に行かれたときには、ぜひ上智大学を訪問し、垣根の横から外観だけでもみていただけたらと思います。大変立派な建物です。

青山霊園にある高島先生のお墓は、現在、追手門学院が管理しています。学院創立120周年のときに整備をして、いつでもお参りに行っていただけるようになっています（高島先生の墓所、**図2・17**）。

お墓の右側に高島先生の墓誌が置かれています。その横にちょっと角柱みたいなものが立っています。その角柱はあまり関西ではみられませんが、名刺受けになっています。将軍山会館の横の初代学長・天野先生の胸像にも、このような名刺受けを置いています。私は東京に行ったときなどには、この名刺受けからお参りに来られた方々の名刺を持って帰り、お礼のお手紙を差し上げています。みなさんも何かの機会に東京に行かれたら、ぜひこの名刺受けの中に、ご自身の名刺を入れ、高島先生に「元気に頑張って、勉学にスポーツに学生生活を送っています」とご報告していただいたら大変うれしく思います。

これは「青山霊園の地図」（**図2・18**）です。地図の上部に向かって右側が薩摩藩、左側下部が長州藩です。ちょうど青山墓地のメイン道路をはさんで、長州藩と薩摩藩のお墓があるということです。高島

図2・16　高島邸周辺の江戸・明治・現在の地図

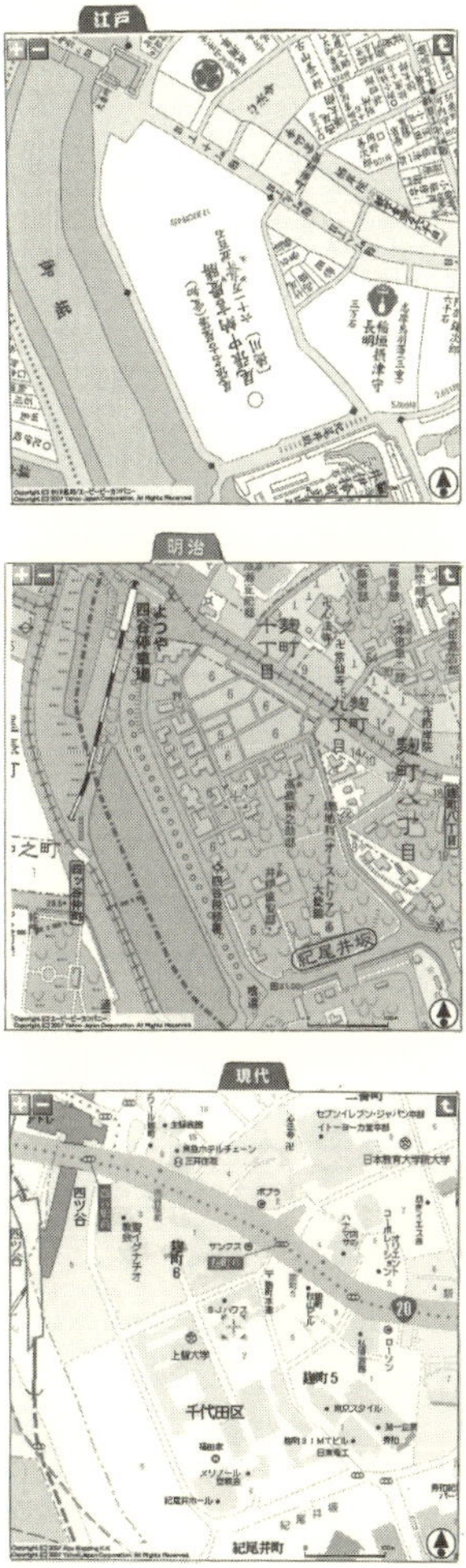

図2・17　高島鞆之助の墓所（青山霊園第1区1種イ9、10側13番甲・乙）

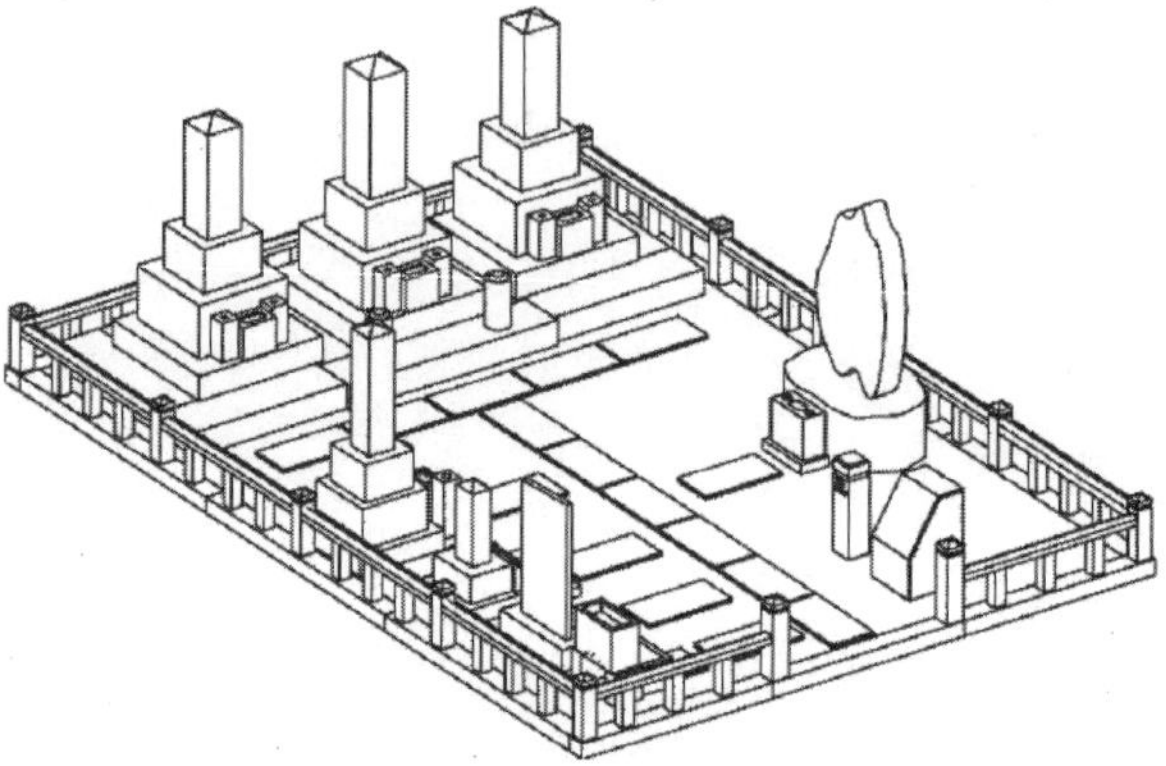

先生のお墓は、いちばんいいところにあります。入りまして1本目の内側の筋の中ほどです。

また、まわりにも大変有名な方のお墓がいっぱいあります。たとえば、高島先生のお墓の隣は、黒田清隆といいまして、内閣総理大臣を務め、北海道の開発に尽力された方のお墓です。歴史の勉強がいっぺんにできるといったようなところです。

私も東京出張に行ったときには、高島先生のお墓をお参りするようにしています。「今年も1600名の新入生をお迎えしました」と先月も報告したところです。

最後になりましたが、歴史を学ぶ意義、歴史に触れることはなぜよいのか、といったことについて、思うところをみなさんにお伝えしたいと思います。

「歴史は繰り返す」とよく言われますが、それはどのようなことか。歴史は人がつくっているのです。人がいないところに歴史は生まれません。その歴史の中でいちばん大事なのは、その時代の社会背景（人間関係）を知ることだと私は常々思っています。人間関係がうまくいくと戦争も起こらない。あ

図2・18　青山霊園の地図

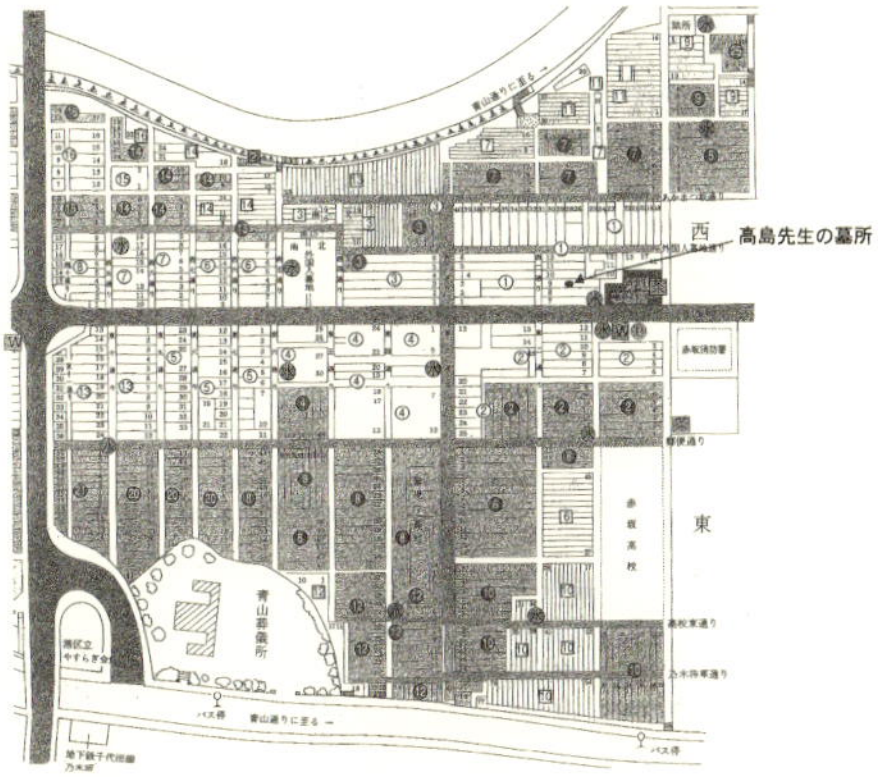

るいは相互理解によってうまく世界（社会）がまわっていく。それが変な話し合いでねじれると戦争が起こります。しかし、人間には妬みとか憎しみとかそういうものがいっぱいあります。抑制する力をもつことも大事です。人間は生き物ですから、生き物がいちばん大事にするべきことは、仲よく心地よい社会を維持することです。

この科目の履修者のみなさんは、1回生が多いと思います。大学に入っていちばん大事にしていただきたいことは、やはり「よい人間関係をつくりあげていく力をもつ」ということだと思います。その人間関係を、学生時代にいろいろな場でつくりあげていってもらいたいのです。やはり一生の友だちは学生時代につくってほしいと思います。

歴史を学ぶことで「相手を知る」「過去を知る」「流れを知る」。歴史を学べば、人間関係をスムーズに進める教訓がたくさん見いだせます。また自分の立つ位置、自分の立場がよくわかります。事件や事項の年号を覚えるのが歴史の勉強ではありません。その背景こそが大事です。ほかにも歴史から学び取ることは多くあります。学院の歴史をひもといていただいたら、学生生活の知識の輪も広がると思います。そんな視点で、追手門の歴史の素晴らしさを知っていただくと、自分の立つ位置もおのずとわかってくると思います。

私は学生時代、考古学研究会というクラブ活動を経験しました。ここで得たことは計り知れません。できればクラブ活動や社会貢献活動などに参加されることをお勧めしたいと思います。簡単ではありますが、これで終わりたいと思います。

学院歌を味わう

永吉雅夫

みなさん、こんにちは。今、梅村先生からご紹介があった永吉です。国際教養学部のアジア学科で日本文化・文学について話をしているので、授業を受けたことがある人がいるかもしれません。

学院志研究室の調査・研究の成果を還元するように、と言われているのですが、正直言うと、調査も研究も、僕はまだ何もしていません。これから始めるところで、今日はその第一歩であるところの「学院歌を味わう」というテーマで、みなさんに問題提起をいろいろしたいと思うんです。

自校教育とか、自校史というようなものが強調されるようになったのは、ごく最近のことです。まだ日が浅いわけです。そこで、学院志とか、自校教育というものを、社会的、歴史的な文脈の中に位置付けて、どういうふうにみることができるかということは、やっぱり考えておきたいことです。なぜ学院志や自校教育が必要なのでしょう。たとえば、学校への帰属意識の中で、学生としてのアイデンティティを確立したり、確認したりするというようなことが目的とされているのでしょうか。これは私が勝手に思っているだけで、ひょっとしたら、もっと違う目的があるのかもしれませんが、そういう目的・ねらいがあるとしたら、これは歴史的に振り返ってみると、近代国家がそれぞれの国の住民を「国民」としてつくり出していくことに躍起になったことと、非常によく似ていることになります。

たとえば日本の場合、明治以後、近代国家として成立していきます。つまり、江戸時代までの国家のあり方と明治以後の国家のあり方は変わっています。そういう近代的な国家というのは、ヨーロッパでも、18世紀以降、生まれてくるわけです。それ以前の国家のあり方とは違う。

その国家が範囲だと決めている領域に住んでいる人たちは遠隔の地に住んで、お互い会ったこともない、会うはずもない、生活習慣も環境も、いろんなものが違っていた。それがあるときから、自分たちは同じこの国の国民なんだ、という同質性を求められる。そういう同質性のもと「自分たちはこの国の国民なんだ」という帰属意識という形のアイデンティティを人々に植え付けないと、国家はやっていけない。

たとえば、『蛍の光』という曲。学院歌じゃないけど、よく卒業式で歌われる歌です。『蛍の光』は、実は文部省が明治14年に小学唱歌に認定して、小学校の学校教育の中で人々に広めていった曲です。

今は、1番、2番しか歌いません。当然です。3番、4番というのは、こんな歌詞なんですね。


つくし（筑紫）のきはみ、みちのおく（陸奥）、うみやま　とほく、へだつとも、そのまごころは、へだてなく、ひとつにつくせ、くにのため

「筑紫」というのは、九州の北側です。「陸奥」は東北です。「うみやまとほく、へだつとも」、ずいぶん離れていますね。だけれども、そこに住んでいる人たちはみんな、同じ思いをもっていて、同じ日本の

国民で、だから、「へだてなく、ひとつにつくせ、くにのため」というわけです。そんな遠くに離れている人たちが会うわけもないし、言葉を交わすわけもない。生活の仕方も感覚も何もかも違うけど、あなたたちは同じ国民ですよ、ということになるわけです。

4番もそうです。

千島のおくも、おきなは（沖縄）も、やしまのうちの、まもりなり。いたらんくにに、いさをしく、つとめよわがせ、つつがなく

「千島」、これは北方領土で問題になっていますが、北の端です。「沖縄」、言うまでもなく、南の端です。ですから、この3番、4番が示しているのは、日本というのは、東はどこまで、西はどこまで、北はどこまで、南はどこまで、その範囲が日本で、その中に住んでいるあなたたちは、みんな同じ国民なんですよ。会ったことも、話したこともないでしょうけど、みんな同じ国民で、みんな、国のためにひとつに尽くせ、ということなんですよね。

こういうふうにして、「国民」というものをつくり出す前は、その地域、地域に住んでいる人たちでした。今でも、「あなたのお国はどちらですか」というふうに日本人どうしで話をするとき、たとえば愛媛県ですとか、大阪府ですとか言います。これがもうちょっと古い世代だったら、俺は薩摩だ、俺は会津だ、そういう言い方をしていたわけです。でも、そんなんじゃなくて、みんな、日本の「国民」なんですよという、そういう「国民」という同質性の自覚と帰属意識、そういうものをつくり出してきたわけです。

こういうことがなぜ必要だったのかというと、ひとつには国家財政の基礎をつくるためです。国民として納税の義務を果たしてもらわなければならないから。それからもうひとつは戦争です。兵役の義務です。戦争というのは、近代以前では、基本的に農民や町人には関係のないものでした。武士や騎士、つまり、戦うことを専門の職業としている、あるいは、戦うことが自身のアイデンティティである人たちがやっていたわけです。

しかし、近代に入ると、どんどん国民総動員体制化が進んだ戦争になります。だから、今まで兵隊ではなかった人たち、戦う習慣がなかった人たちを、兵隊に、戦う人に、駆り出すことができないといけない。そのために、「国民」という同質性の自覚と帰属意識の醸成というのが必要だったわけです。つまり、戦争が近代化するということは、国民の総動員体制化が進むということです。みんなが国のために戦うという、その根本にあるのは何かというと、同質性、帰属意識として形成された国民意識なんですね。

そういうことが、私が、この自校教育とか、学院志とかということを歴史的に振り返ったときに思い付くことのひとつです。補足的に言えば、追手門学院の発祥の母体になっている偕行社、その附属小学校というのは、今まで戦争と関係がなかった一般の人々を兵隊として駆り立て、兵隊として組織的に訓練し、指揮し、指導する、そういう専門的な軍人、なかでも将校たちの子弟の教育のためにつくられた学校です。

もうひとつは、現在のグローバリゼーションといわれる状況に照らして思うことがあります。グローバリゼーションの拡大に伴って、国境がなくなって、ボーダーレスになって、世界がひとつになり、それで平和になったかというと、実は全然そんなことはないんですね。グローバリゼーションが進めば進むほど、地域紛争は激化しているわけです。つまり、津波のように押し寄せるグローバリゼーションの波があると、それぞれの地域や集団は、その波に飲み込まれまいとする。押されたら押し返すみたいな作用・反作用のようなもので、グローバリズムに対抗するローカリズムというのが出てきます。ですから、地域紛争が激化しても不思議ではない。

このことを、学院志研究とか、自校教育とかが言われるようになった社会的な背景から考えてみましょう。日本の中でいうと、18歳人口が減少して、大学が志願者や入学者の確保をどうするか。大学間競争が非常に激化している。大手有名大学がどんどん受験生を囲い込んで、ある数の大学だけで、18歳人口の50%とか、かなりの数の人口を吸収してしまう。そういう寡占状態が生まれつつあって、その中でそれぞれの大学が、学生さんに自分の学校の歴史や成り立ちについて教えることで、学校への帰属意識の中で学生としてのアイデンティティを確立・確認するという形で、これまた、それぞれが取り込んでいる、囲い込んでいる、そういうことです。つまり、学生の募集と確保における大学間競争の激化に促されるかたちで、自校教育というものは登場してきたということです。もちろん、自分の学校について知ることは大事なことですし、自分の学校が好きになるというのは、これはいいことです。自分がそこの学生として、自信をもって生きていくというのは大事なことです。

ですが、そういうことと、学院志研究や自校教育が重要視されるようになった社会背景・時代背景とは、別に考えておく必要があるのではないかという気が、僕はしています。

その上で、学院志研究室の一員として、何かお役に立たないといけないので、今日はお手元に学院歌のプリントを配っております。これは山櫻会という小学校の同窓会のホームページから取りましたが、そこには「校歌　偕行社附属小学校校歌・追手門学院歌」として2つ並んでいます。まず「偕行社附属小学校校歌」です。

一、かたじけなくも／聖旨／台旨／下したまへる／我が校の／たぐい稀なる／この誉／いよいよ／掲げよ

二、むかし固めし／金城／鉄壁／仰ぎて朝夕／いそしめば／忠君愛国の／我が心／ますます／固し

三、日々のつとめに／誠実／剛毅／自治の訓を／守りつつ／世にもすぐれむ／人たれや／いざいざ／励め

こういう歌です。

それに対して、今の学院歌があるわけです。みなさんはこの授業で、偕行社以来の歴史といわれるものを学ばれたと思いますが、1945年の敗戦を境にした前後の歴史があるわけですね。

ちなみに言っておきますと、この山櫻会のホームページの「金城のいらか」の「きん」には、〝錦〟という字が使ってあります。一方、今、私がみなさんにお渡ししたプリントには、金属の〝金〟という字が使われています。寛政年間、すなわち18世紀末に刊行された『摂津名所図会』という摂津の国（大阪府）の絵入り名所案内書には、大阪城を〝金城〟としています。学院の歴史の転換期に、〝錦城〟という文字づかいが「錦城育英会」という形で出てきます。これは、「偕行社附属小学校校歌」が〝金城〟を使っていることとの意識的な差別化ではないでしょうか。また、〝追手門〟という文字づかいも、たとえば五雲

亭貞秀が幕末に描いた「大坂名所一覧」というパノラマ風の浮世絵には、大阪城を描いて〝追手門〟という表示があります。

さて、いまの学院歌の歌詞をよく読んでみましょう。

一、金城のいらかは高く／青空ははてなく広し／相かざす民主の旗に／新しく／国を築かん／重き責務心に刻み／健気にも吾らが学ぶ／栄ある学院／吾らの学院／追手門
二、生駒ねの狭霧ははれて／旭日かげ窓べを照らす／高薫る文化の花に／新しく／国を築かん／うら若き希望に燃えて／ほがらかに吾らが学ぶ／栄ある学院／吾らの学院／追手門
三、濠の水しずかに澄みて／松影をさやかにうつす／とことはの平和をほぎつ／新しく／国を築かん／高光る理想を逐いて／つつましく吾らが学ぶ／栄ある学院／吾らの学院／追手門

1番から3番まであるわけですが、そのいずれにも出てくる歌詞があります。「新しく国を築かん」というリフレインが、それですね。つまり、この歌はここに重点がある、学院としてそのことを目的としているということを、この歌を通して表明している。じゃあ、その築くべき新しい国とはどんな国なのか、その内容にあたるのが、3回のリフレインの直前にある歌詞、「民主の旗に」「文化の花に」「平和をほぎつ」ということになるでしょう。民主的で文化的な平和国家です。そして「新しく国を築かん」のほかに、もうワンフレーズ、1番から3番まで、いずれにも繰り返されている歌詞がありますね。いやいや最後の2行、「栄ある学院／吾らの学院／追手門」は、これはこういう種類の歌の定番ですからあって当然で、

テクストとしては形式的な意味しか持たないでしょう。そうではなくて、「吾らが学ぶ」に注目してください。そうです、これは追手門学院という学校の顔としての歌ですから、そこにいる我々は学ばなければならない。その学びの目的が「新しく国を築かん」であり、その内容は「民主」と「文化」と「平和」なんです。そのために我々学ぶ者がどのように学ぶと表現していますか。そうですね、直前に「健気にも」「ほがらかに」「つつましく」と歌っています。

実は、僕は、学院歌を歌うときにいつも、この「健気にも」というところで、いつも何かこそばゆいような、おもはゆいような、ちょっとお尻がムズムズするような感じになります。

「ほがらかに」というのは、わだかまりや屈託がない、快活な様子ですね、晴朗という言葉があります。また、「つつましく」というのは、ひかえめでしとやか、礼儀正しいことをいう言葉です。大学生なら、謙抑というような言葉が連想できるといいと思います。このように、2番、3番のところでは、まあまあなんともないのに、なぜ1番の「健気にも」のところではムズムズしちゃうのか。それは、普通は自分のことを自分で「健気にも」とは言わないところから来る違和感ではないかと思うのです。「健気」というのは、たとえば『新明解国語辞典』では、年少にもかかわらず困難なことに勇敢に立ち向かう様子、と説明されるような言葉です。つまり、学院歌がまずは小学校のものとして制定されたという事情に即して言えば、まさに10歳前後のいたいけな子供たちが新しい国つくりのために一生懸命学んでいる、そういう姿を大人がはたからみて「じつに健気だ」と感心する、そういう言葉でしょう、「健気にも」というのは。それを、学院歌では自分で「健気にも吾らが学ぶ」と言ってしまうわけです。理屈っぽく言えば、本来、他者からの評価としてあるはずの美点を、自己内面化しているところに違和感の源がある、ということになります。そして、この自己内面化の由来については、学院歌制定時の社会情勢と大きな関連があるのではないかと思うのです。

今の学院歌が制定されたのは、昭和26（1951）年春のことです。その成立経緯については、宮本直和先生が2008年11月に編集された『学院史資料（上）「将軍山会館」「自校教育」関係資料』という印刷物があるので、それに従ってお話しします。

それによると、昭和25（1950）年の5月に、初代学院長八束周吉からの提案として「新しい学院にふさわしい校歌を募集します」という案内があり、その半年後の11月、「職員室机上に、『学院歌案』が配布され」たが、そのときは「作者『読み人しらず』」としての提示であった。そして、ほかの案も特になかったので、八束は「友人で歌人の今中楓渓氏に、歌詞としての推敲を依頼し補訂した後、高木和夫氏に曲をつけてもらった」のが、11月5日だったようです。そのとき、「最後の栄えある学院のつぎに、『吾らの学院』が加えられ」て、現行の学院歌が生まれたわけです。それが、昭和26年春から校歌として歌われていくことになりますが、当初は、いまのように「作詞監修・今中楓渓、作詞・八束周吉、作曲・高木和夫」と明記されることはなく、「追手門学院作詞、今中楓渓監修」とだけ記されていました。そういう時期が続いて、「昭和30年頃」になって、八束周吉の名前が記されるようになったらしい。当初、「読み人しらず」としたのは、八束のどういう意図によるのか、初代学院長の考え方や事績はいろんな意味で興味深いものがありますね。「作詞監修・今中楓渓」、この人物は実は「偕行社附属小学校校歌」の作詞もした人物です。

こういう経緯で今の学院歌があるのですが、では、その時代的、社会的な背景というものをみておきましょう。

昭和20（1945）年8月15日、日本はポツダム宣言を受け入れて、連合国に対して無条件降伏をします。敗戦です。マッカーサーをヘッドとする連合国総司令部、要するにアメリカですが、アメリカの占領統治が始まるわけですね。兵士の武装解除はもちろんのこと、軍隊組織そのものの解体が徹底されたので、陸軍の消滅はもとより、陸軍将校の倶楽部としての偕行社も、当然、解散させられます。そんな中、その附属小学校をどうするか。そのまま解散、消滅するのか。それともなんとか維持、継承する方途を探るのか。事実としては、今も追手門学院があるわけですが、敗戦後の学院運営をめぐるこのスリリングな時期、その対応いかんでは今日の追手門学院はなかったはずの時期の動向については、今日はそれに触れる準備ができていませんし、ある意味で、そうした点こそ自校志のハイライトでしょうから、今日のような短い時間で語ることはもったいない。これは今後の課題でしょう。

アメリカの占領統治は、当初、徹底したいわゆる民主化の方向で進められます。学院歌に謳われる、学院教育の目的とした新しい国、民主的で文化的な平和国家とは、アメリカの占領政策として巷に氾濫する言葉＝概念の、最大公約数的な表現ということができます。それが、昭和26（1951）年に制定されている。ところが、この時期、実はアメリカは、もう当初の理想主義的な民主化の徹底の方向から、国際政治のリアリズムに対応する姿勢に方向転換をし始めているのですね。

何が起こっていたのか、時系列で示すと、1950（昭和25）年6月25日朝鮮戦争勃発、7月8日マッカーサー警察予備隊創設・海上保安庁増員を指令、8月10日警察予備隊令公布。1951年1月1日マッカーサー年頭声明で講和と日本再武装の必要を説く、7月10日朝鮮休戦会談が開城で開かれる、9月

8日平和条約・日米安保条約調印、1952年4月28日対日平和条約・安保条約発効、1954年7月1日防衛庁・自衛隊発足。（『日本史年表』歴史学研究会編、岩波書店による）

朝鮮戦争という、のちに東西の冷戦として長らく世界秩序を形づくる枠組みの発端の熱戦に直面して、アメリカの対日政策は大きく右旋回を起こしたわけです。憲法第9条に示されている武装解除の方向が、再武装の必要を言うようになったのですから。

こういう状況を知ってみると、すでに時代がいわゆる〝逆コース〟に入っていた時期に学院歌はアメリカ占領軍の当初の民主化政策の匂い紛々たる理念を高く掲げたことがわかります。これは素直に考えれば、戦前の体制に対する反省の結果、いわゆるアメリカのデモクラシーに強く共感したので、時流とは無関係にその理念を新たな出発として掲げたのだ、つまり民主化の徹底に自ら価値を置いた結果だと理解することができます。とともに、ちょっとヒネクレテ（？）考えてみると、小学校および学院の存続を図るためには、こういう時期にあえて理想主義的なデモクラシーの理念を掲げなければ、過去との決別が示せなかったのではないか、なんといっても戦前は、陸軍将校の子弟の教育機関だったのだから、という〝名門〟ゆえの方向転換の厳しさを考えてみることもできるかもしれないと思います。たんに戦前からあった学校が、戦後にも継続されるというのとは違うのではないでしょうか。ちなみに、偕行社以来の歴史を誇る同窓会組織の名前は、さっきふれたように「山櫻会」です。その名前は多分、本居宣長の有名な和歌、「敷島の大和心を人問はば朝日ににほふ山桜花」という、宣長本人が肖像に自ら賛した歌に由来するものでしょう。これは新渡戸稲造の『武士道』にも引用紹介されるものですが、「大和心」ということばに端的なように、第二次大戦中の日本にあっては、軍国主義的精神の鼓吹に大いに利用されてしまったものでもあります。

話を戻しますが、アメリカ占領軍が持ち込んだ民主化政策の結果としての、新たな社会原理としての民主主義、これをどのように受け止めてゆくか、さっきからくだくだと、学院歌の歌詞と逆コースに入る時代状況との関連をお話ししていますが、実はその根本のところにあるのは、敗戦と、それに続く占領を受け入れている自分たち、被占領国民としての自己憐憫とでもいうべき感情ではなかったかと、僕は学院歌について感じるのです。その気分が最も盛り上がって露出してしまうのが「健気にも」であって、なんとも穏やかな曲調ともあいまって、ここで描かれている「吾ら」の姿の全体がそういう気分におおわれているように感じられる。僕だけでしょうか？　「偕行社附属小学校校歌」を歌として耳にしたことはありませんが、ずいぶん調子が異なっているのは明らかでしょう。いずれにせよ、ここには決別すべき過去が反映している。

さて、追手門の学生として、これからみなさんはいろんな機会にこの学院歌を歌ってゆくでしょう。1回生も多いこのクラスでわかりやすいのは先月の入学式でしょうね。1回生は歌えましたか？　初めて聞いて、どんなふうに感じたでしょうか？　その入学式で、理事長に続いて挨拶に立った学長の言葉を覚えていますか？　緊張していて、そのときはしっかり聞いていたけど、もう忘れちゃったかもしれないですね。あのとき、今日の話題との関連でいえば、学長は日の丸、君が代が式を飾っていることの説明から話されたのでした。国際人として育っていく、その足場として、というようなお話だったかと思いますが、わざわざそういう断りを置いて式辞に入ってゆかれたというのは、さすがに大学人として それなりのケジメを示されたものかと感じました。が、実はそのお話を聞きながら、僕が考えていたことはちょっと別のことでした。別のことと言ったら、話を聞いていなかったように聞こえるかもしれませんが、全然そうじゃありません。僕がそのとき、心の中で思っていたことは、山櫻会のホームページに歴史として記載されている「偕行社附属小学校校歌」を、現在の校歌、学院歌としてどうして今歌わないのだろう？　ということでした。偕行社がもう存在しないから？　でも、偕行社以来120有余年の歴史を、追手門学院が誇っているじゃないか。日の丸、君が代は法律で国旗、国歌に決まっているから？　だったら、「偕行社附属小学校校歌」を、学院の会議であらためて学院歌と決めさえすれば、今の学院歌を歌うように、あの歌詞を機会あるごとにみんなで歌うことになるのだろうか？　いや、あれを今の時代に学院歌に制定することはできないよというのなら、学院単位ではできないことを国という単位ではしてしまえるということか？　僕は学長の言葉に導かれてそんなことを考えていました。

十分な準備もないままに、学院歌についてお話ししてきましたが、最初に言ったように、今日お話ししたことはみんな、みなさんに対する問題提起です。初代学院長が考えられたように「新しい学院にふさわしい校歌を」と、いうのが出発点として大切なことです。1945年という大転換点を経て、連続する歴史をどのように描くか、生きるか、これが学院志、自校教育の大命題であるのは、むしろ国際社会で日本という国が問い続けられている課題と密接に連絡しているからです。国際社会で生きてゆくみなさんには、追手門学院および追手門学院大学について学ぶことが、閉鎖的な自己愛につながるのではなく、自分自身をも相対化することのできる基盤となることを期待して、今日の僕からの問題提起を終わりたいと思います。

学院創立者・高島鞆之助の人物評

横井貞弘

ご紹介いただいた横井です。思い出すと、私がちょうど追手門学院高等学部3年のときに追手門学院大学ができて、我々の同級生はみんな、追手門学院大学に行くように言われました。私は嫌だと言いました。なぜかというと、理科系の学部がなかったからです。とはいえ、追手門学院大学には親しみがあります。それは当時の同級生の多くがここを卒業していますし、その友達の子供の担任もして、その子たちもまた追手門の大学生になっているからです。ちなみに、先の「学び論Ａ」で学院史の概説をなさった山本直子先生には、彼女が高校生のときに物理を教えていました。

ということで話に入りたいと思います。

高島鞆之助は、1988（明治21）年に、大阪偕行社附属小学校をつくりました。このときまでが高島の栄光の人生です。実は、ここまで、いろんな学院志研究室の先生が高島について語られたと思います。みなさんは、高島は偉大な人物であったと、そればかり聞かされたと思うんです。もうちょっと食傷気味だと思います。人間ですから、そうじゃない部分もたくさんあったわけです。そういう部分もみていただいて、善悪両方の観点から高島鞆之助の評価をみなさんにしていただけたら、もっとおもしろいんじゃないかなと思っているんです。

ポイントになるところはあとで申し上げますけれども、まず、高島は、大阪偕行社附属小学校を創設した以外に、実は同志社大学の設立にも協力しているんですね。それはちゃんと文献に残っています。それから、1897年頃、陸軍大臣のときに「言論自由発言」というのをしています。それから、いちばん最後にお話ししたいのですが、亡くなる直前、日英同盟、日露戦争、それから第一次世界大戦があって、対華21ヶ条要求のような世界史的な事件がたくさんあった頃、中国に孫文という革命家が現れたのですが、その孫文の日本への亡命にも協力しています。

高島の生涯を調べると、大きく4つの時代区分ができると思います。1期は1877年の西南戦争まで、2期は1888年大阪鎮台司令官に任ぜられて大阪偕行社附属小学校の設立まで、3期は1900年頃までで、陸軍大臣などを歴任した時期、4期は枢密顧問官などをして1916年に没するまでとします。みなさんが学院の歴史の1コマとして高島について聞かされた話は、この2期までです。ここまでは素晴らしい功績があったわけです。ところが、3期の頃から少しおかしなお話が出てきます。たしかに、2年ほど前、産経新聞の社説に「人材異変」というテーマで、高島鞆之助の言動が引用されていました。簡単に言いますと、数年前の菅直人内閣のときの松本龍環境相および復興相の言動と、高島の3期以降、つまり陸軍大臣以降の行動とが、非常によく似ているというような論説です。

もうちょっと具体的に言いますと、松本環境大臣は、COP10という環境の国際会議で非常な功績があったのに、その後の復興相としてのトラブル、辞任騒ぎのせいで、評判を落としてしまった。松本大臣の行動が、高島の後年のできごとと非常に重なっている、というような内容です。

高島は、3期に大臣を経験していますけど、いずれも短命です。1年少しで辞めてしまっているわけです。その結果、時の内閣も総辞職しました。現代の内閣とよく似ているのです。それからたとえば、選挙干渉のような事件もありました。高島が陸軍大臣時、同じ薩摩出身の樺山海軍大臣が蛮勇演説という有名な演説をしています。これは、当時の国会で、軍備予算を減らすとは何事かと、いうような一種の暴言を吐いたらしいのです。樺山は、「当時の日本が列強の仲間入りができたのは誰のおかげだ思っているんだ、我々薩長のおかげではないか、薩長が日本を立て直したんじゃないか」というようなことを言ったわけです。時代は薩長支配から立憲政治に変わる転換期だったわけです。高島や樺山のこうした言動をどうとらえるかによって、歴史の評価も変わってくるんじゃないかなと思います。

一方、高島は、先ほども紹介したように、「言論自由発言」というのをやっています。これは明治30年頃、『太陽』誌という有名な雑誌に掲載されたもので、高島は陸軍大臣の立場でインタビューに応じ、「言論の自由を保障せよ」と発言するわけです。当時の時代背景からしたら、もうこれはすごいことだと思うんですね。単なる言論の自由だけではなくて、軍事、外交、皇室の分野に至るまで、あらゆる分野で、言論の自由を保障せよ、しかも、行政処分をするな、とまで言い切っているわけですね。当時の記事は読みにくいので、興味がある方は、原文のコピーをお渡しします。

先ほど言いましたように、小学校をつくっただけではなくて、同志社大学の設立にも協力しています。今、ＮＨＫで『八重の桜』という番組が放映されていますけれども、八重の夫は新島襄ですね。『新島襄の手紙』という本が岩波文庫にあります。そこにはいろんなできごとが出てきますが、新島は高島を、同志社大学創設の功労者として大きく取り上げています。たとえば、児島惟謙という大阪の控訴院長、のちの大審院長に宛てた手紙の中で、「同志社大学設立運動を、東京では大隈重信（早稲田大学設立）や井上馨（明治の元老の1人）が協力してくれている、そして大阪では、児島惟謙控訴院長、西村捨三大阪府知事、そしてなんといっても高島鞆之助の後援が大きい、高島の協力のおかげで何とか同志社大学設立がうまくいきそうだ」と書いているのです。

それで、高島に対する当時の人物評を調べてみますと、すごいことが書いてあります。たとえば、ある雑誌評論は「神武以来の英主」と称揚しています。神武以来というのは、みなさんはあまりなじみがないかもわかりませんけども、要するに日本国始まって以来というような意味です。「英主」というのは君主という意味。だから、日本国始まって以来の君主であると言われているんです

ちまたでは、高島鞆之助の「鞆」という字を、へん（革）とつくり（丙）に分けて、革丙将軍とよぶ人もいました。あるいは、薩摩人の最後の後続者という意味で「蛮勇政治家」とも言われていました。豪快でくよくよしない豪傑という意味ですね。鹿児島市の現在のホームページにも、こういう表現がなされています。

お金に頓着はなかったみたいですね。高島のいちばんの金失策は、金山に手を出したことだといわれています。鹿児島に牛尾鉱山というところがあったんです。現在ではもう金が出なくて廃鉱になっているようです。そこに手を出したことが、高島唯一の失策だったという記事もあります。

それから、今は上智大学構内にある自邸を手放す原因になったのが、お金に困ったからだという説もあるんです。邸宅を譲り受けたイエズス会は、非常に恩義を感じていたそうですが。

また、当時、著名な文化人だった三宅雪嶺は、高島のことを「頭脳の発達が止まったようなやつだ」とあしざまに言っています。それから三宅と並ぶ著名な国家主義者だった徳富蘇峰も、高島に会うまでは「猿のようなやつ」だと罵っています。ところが知り合ってからは意気投合して、いろんなことを2人で協力してやっているんです。

最後に、最近調べてわかったことなんですけれども、毛沢東も尊敬していた孫文という革命家との交流もありました。明石海峡大橋の下にJR舞子駅があります。そこに孫文記念館が建っています。孫文

は辛亥革命のきっかけをつくった人です。その結果、清朝が倒れて、今の中国ができたわけです。今でこそ孫文は国父として評価をされていますけれども、当時の清朝にとったら、もってのほかのやつです。ならず者ですよ。だから、中国を追い払われて、日本に亡命するわけですね。

当時、孫文を受け入れるか、拒絶するかは、高度な政治的判断が要求されました。亡命を危険視する向きも当然あったわけです。高島は当時の山本権兵衛首相に掛け合って、孫文の日本亡命を認めさせたらしいのです。孫文記念館が発行している『孫文・日本関係人名録』には、孫文の亡命に協力した1236名の人物が名前を連ねています。有名な人もたくさんいます。たとえば犬養毅（1931年首相。五・一五事件で暗殺される）です。高島もその1人です。高島が亡くなったときに、孫文の秘書が葬儀に参列していたという記録も残っています。

このように、高島鞆之助の当時の人物評というのは、毀誉褒貶がはなはだしく、もういちど見直してもいいんじゃないかなと思います。ほかにたくさん紹介したいことはあるんですけど、時間の関係で、これで終わらせていただきます。ありがとうございました。

コラム

学び論A　学院発祥の地へのバスツアー「金城のいらかを見てみよう」

2013年5月17日、第6回目の「学び論A」では、学院発祥の地・追手門学院小学校へのバスツアーが行われた。学生は46名、教職員7名、計53名もの参加者があった。

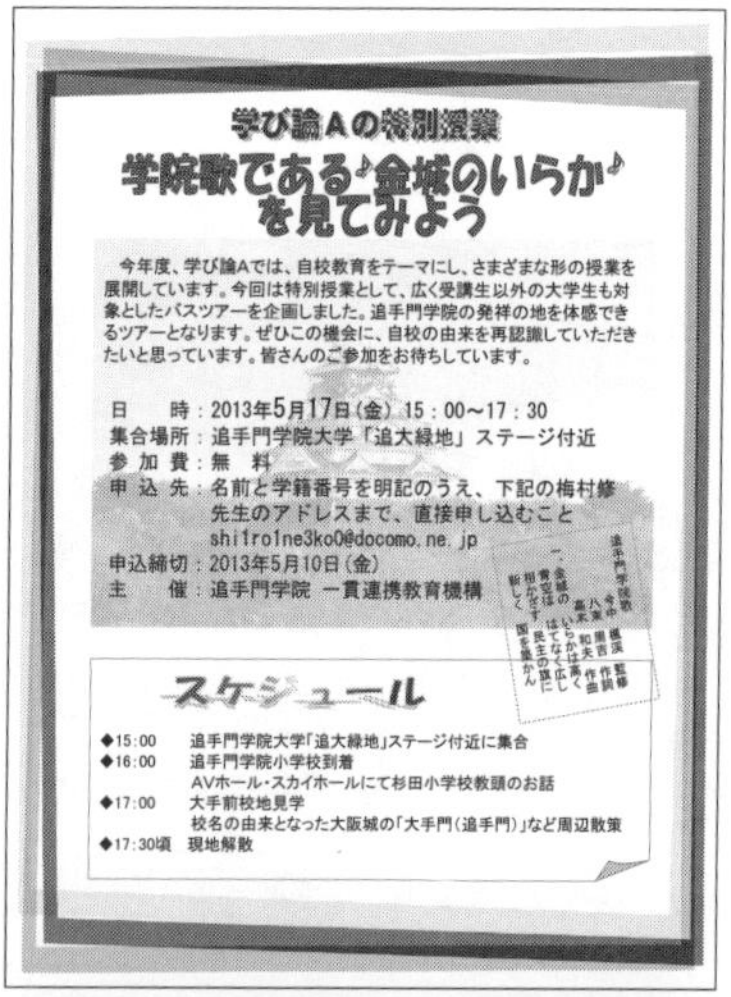

午後4時、小学校正門にバスが到着。記念撮影後、AVルームで同校教頭の杉田圭一氏から、「追手門の歴史」と追手門学院小学校に関する特別授業。その後、「金城のいらか（大阪城）」が正面に見える「スカイホール」へ。目の前に広がる天守閣の迫力に、思わずどよめきが上がった。また、2階の「高島ホール」では、創設者・高島鞆之助の銅像や、記念資料室の古い制服、かつての講堂にあった豪壮なシャンデリア、貴重な豊臣時代の石垣などを見学し、追手門の歴史と立地を体感した。学校見学後は有志が大阪城へ。校名の由来となったお城の正門「大手門（追手門）」も見ることができた。

3　自校教育

「追手門のために、仲間のために、自分の成長のために」──リア充を実現した学生登場

追手門学院大学では、学院１２０周年を機に、「学生中心の大学」に生まれ変わることが標榜された。それを受けて、２００９年には全国に先駆けて「学生FDスタッフ」と「ピアサポーター」が組織され、その後も、学生が、教職員と協働して、大学運営の一端を担う活動が推進されている。たとえば、広報では「学生企画広報スタッフ」、入試では「オープンキャンパススタッフ」、教学では「学生意識委員会」、学職協同・地域貢献では「キャンドルナイト学生スタッフ」というように、教職員が学生に活躍の舞台を与え、成長を後押しする試みが、次々と生まれている。

第８回目の「学び論Ａ　自校教育講座」は、「追手門のために、仲間のために、自分の成長のために──リア充を実現した学生登場」と題して、６組の学生団体に登壇してもらい、10分ずつ、自分たちの活動紹介と自己の成長について語ってもらった。彼らは、一様に追手門学院大学の学生であることに、自信や誇りを抱き、「追手門が大好き」と心から言える学生たちである。「追手門に入学してよかった！」と心底思っている仲間の姿は、不本意入学や偶然入学の履修生たちにとって、新鮮に映ったに違いない。本節では、６組の学生団体のうち、「学生企画広報スタッフ」

と「キャンドルナイト学生スタッフ」のプレゼンテーションを収録した。

学生企画広報スタッフ　心理学部4回生・杉本恵美、国際教養学部3回生・難波亮祐

杉本　みなさん、こんにちは。学生企画広報スタッフの杉本と申します。

難波　国際教養学部3回生の難波です。よろしくお願いします。

杉本　はい。学生企画広報スタッフです。ぱっと聞いて何をやっているのかなって思うでしょう。みんな、多分一度はみたことがあると思います。こちらをつくっています。『BRIDGE』（**図2・14**）といいます。これが第1号です。シンクロナイズドスイミングの吉田胡桃さんという追手門の学生を取材して、表紙に掲載したものです。まだ3号しか出していません。活動歴としては、まだほかの団体さんよりもちょっと若いかなという団体です。

図2・14　『BRIDGE』第1号の表紙

『BRIDGE』は、多分、バスの中でみたことがあると思います。折られたり、丸められたり、うちわにされたり、大変な扱いを受けているんですが、それだけみんなが手にとってくれているのかなということで一応は満足しています。ほかにも、5号館の地下1階、5階のエレベーターホールの前、食堂など、いろんなところに置いてあります。もしかしたら、10月に発行された第1号も、まだどこかに置いてあるかもしれません。見つけたらレア版だと思って、ぜひ中身までチェ

ックしていただければと思います。

『BRIDGE』という名前は、学生企画広報スタッフの2回生の女子学生が考えてくれました。『BRIDGE』という英語には、英語で「橋」という意味があります。学生企画広報スタッフが『BRIDGE』というツールを使って、追手門学院大学の教職員さんと学生とか、学生団体どうしとか、間をつないでいく懸け橋になりたいなという気持ちを込めて、この名前を採用しました。

『BRIDGE』をどうやってつくるのか。まず、学生たちでどういう記事をつくったら、みなさんに読んでいただけるか、どのような情報がみなさんの役に立つかということを考えて、取材方針や紙面構成をみんなで考えます。それが決まった時点で取材ですね。第1号の発行時には、メーンの記事を理事長と学生との対談にしました。学生が理事長と話をしながら、「私たちはこう思っているんです。理事長はどうお考えになりますか」と、直接、理事長のお顔をみて話をする機会をつくっていただきました。

学生意識委員会の絹輪芽以さんと一緒に取材に行って、国際交流教育センターの記事も書きました。国際交流教育センターには、今年から「English Cafe（E-Co）」ができました。ここでどんな新しい活動をするのか、スタッフはどんな方々か、開室時間はいつか、詳しくお話を伺いました。

こちらは「フェイス」（プロフェッサー・インタビュー）というコーナーです。毎回、大学の教授の先生をお一人ずつ選んでインタビューさせていただいています。追手門で、今、最も旬な先生は誰だろう、学院の中で最も輝いている先生はどなただろう、と常にアンテナを張っています。第1回目のときは、経営学部の水野浩児先生を取材させていただきました。水野先生のゼミは、就職率100%をずっと続けているんです。丁寧な就活指導をされていたり、厳しい卒論指導をされていたりと、素晴らしい先生でした。

あとは、クラブにも取材に行きます。今春は、創設された女子サッカー部に取材に行かせていただきましたが、その時々にいちばん旬なクラブ、活動の幅が大きいクラブを見つけ出して、お話を聞いて、紙面にしていきます。

あとは、先輩たち。たとえば、早々に内定をとった在校生にインタビューして、「内定の秘訣は何ですか」とか「就活の中で苦労したことは何ですか」とか、いろいろお聞きして、記事にさせていただきました。大学の試験対策講座を受けて宅建に合格した学生などを、試験対策講座の紹介を兼ねて紹介させていただいたこともあります。また、公務員試験の対策講座を受けて、猛勉強の結果、合格を勝ち取った方のサクセスストーリーも掲載しています。

このほかにも、『BRIDGE』の裏表紙に、毎回お一人、「OB・OG」紹介のページをつくっています。第1号のときは、通天閣観光株式会社代表取締役の西上雅章社長を取材させていただきました。通天閣でパフェをごちそうになりながら、楽しく取材させていただきました。第2号は、フジオフードシステム代表取締役社長の藤尾政弘社長ですね。「まいどおおきに食堂」って、みなさん、多分入ったことがあると思うんですけども、そこの社長さんです。素敵な社長室で取材させていただきました。

また、対談のような堅い記事以外に、『BRIDGE』にはファッションページもあるんです。ユニフォームも私服もおしゃれな2人の学生を選んで、スポーツをしているONの姿と、私服に戻ったOFFの姿を並べて載せています。

そんなこんなでページをいっぱいつくっていくんですが、そんな中で、私たちの強みは、プロのデザイナー、カメラマン、ライターと一緒に取材や編集の作業ができるという点です。プロに来ていただいて、対談や取材の現場に立ち会います。プロのカメラマンが写真を撮っている傍らで、「ああ、そういうふうに撮るんやな」とか、プロのインタビュアーの方の取材メモをみながら、「こういうふうにまとめればいいんやな」とか、長い記事をうまくまとめるにはどうしたらいいかを、ライティング講座みたいにプロのライターに教えていただいたりとか、こっそり学ばせていただいています。

それから、『ＢＲＩＤＧＥ』自体をつくる編集会議に、雑誌制作会社のデザイナーの方に入っていただいて、どういう記事を載せたらみなさんに喜んでいただけるのか、どういう記事が、今、大学に求められているのか、一緒に考えていただいています。

さて、学生企画広報スタッフはいつ活動しているのか、とよく聞かれます。私たちは、組織と言いながら、そんなに精力的に活動している団体ではないので、活動日数は非常に少ないです。会議は、だいたい月に３回から４回。２週間に１回くらいのペースでゆるくやっています。ちょっと忙しくなってきたら、週１の頻度でやらないと間に合わないですが。

会議の時間は、木曜日の12時40分頃から、３限終了ぐらいまで。基本的に３号館１階の３１０２教室でやっています。来週の木曜日も同じ時間と教室でやっていますので、もし興味があれば、ぜひ一度来てみてください。

「ほかのクラブとの掛け持ちはいいの？」とよく聞かれます。ＯＫです。むしろ、大歓迎です。私も、実は吹奏楽団と掛け持ちをしています。そのおかげで、文化会のクラブ情報が入手しやすいです。どこそこのクラブが、今、こんな感じでおもしろいらしいですよとか、あそこのクラブがこんなイベントをするらしいですよとか、そういう情報を『ＢＲＩＤＧＥ』のほうにまわして、トピックスの欄を一部割いて告知させてもらうみたいなこともよくあって、情報共有をしながら進めていけるメリットがあると思います。

スタッフになることのメリットですか？　今まで言ったことがほとんどだとは思うんですが、いろんな学内の情報にいち早く触れられることでしょうか。情報は生ものとよく言いますが、まさにそのとおりだと思います。今、いちばん新鮮な情報に常に触れていることができるというのは、大きなメリットだと思います。

それから、追手門の「今を知る」ということ。どんな学生、どんな先生、どんな職員さんが追手門にいるのか、それをすべて知ることができるというのは、大きな強みです。

『ＢＲＩＤＧＥ』は、学生企画広報スタッフが、学生と学生、団体と団体とをつないでいる段階です。おかげさまで、取材先と『ＢＲＩＤＧＥ』は本当に仲よくなりました。次の段階には、取材した先と先をつなぐという活動にまで幅を広げていきたいと思っています。たとえば、この前の雑誌で、ピアサポーターの紹介をさせていただきました。次の『ＢＲＩＤＧＥ』では、学生ＦＤスタッフと、学生意識委員会を紹介させていただいて、それを契機に、学生ＦＤとピアサポーターにもっと仲よくなってもらうとか、イベントを合同で立ち上げるとかもできないわけじゃない。このように、団体どうしとか、職員さんと学生とか、もっと違う方向のつなぎ方もしていけたらいいなと思っております。

では、つぎに、難波亮祐君に、学生企画広報スタッフに入ってよかったなと思うところを、紹介してもらいたいと思います。

難波　僕がこの団体に入ってよかったなと思うことは、取材を通して、教職員の方やＯＢ・ＯＧの方、あるいは先輩方のお話を聞いて、自分にない考え方を吸収できるところです。
　もうひとつ、学生企画広報スタッフになってよかったな、と思うことは、企業の広報担当者との勉強会に参加することで、自分より年上の人たちと意見交換をする機会に恵まれたことです。光栄だと思っています。

杉本　すごくすらすらとしゃべってくれました。難波君にこの話を振ったのは15分前なのに。こんなふうに人前で堂々と話せるようになるのも、企画広報に携わったおかげかなと思います。私たち学生企画広報スタッフには、いろんな人との出会いがあります。たとえば、ここにいる登壇者のみなさんともほとんど顔見知りです。学生意識委員会の絹輪芽以さんとは、学生企画広報スタッフの仲間ですし、ピアサポーターの代表の島田一磨君も知り合いです。ＦＤの大木優衣さんとも一緒にご飯を食べる仲ですし、後ろで控えているオープンキャンパススタッフのみなさんとも実は知り合いです。こういう横のつながりができていくのも、企画広報の仕事の役得です。みんなもこういう団体の活動に、「自分は関係ない」なんて思わずに、少しでも興味をもってもらえたら嬉しいです。

キャンドルナイト学生スタッフ

心理学部４回生・浜野　匠

　キャンドルナイトの学生スタッフをやっています、心理学部心理学科４回生の浜野匠です。よろしくお願いいします。
　みなさんには、学生の目線というものがあるでしょう。多分この「学び論Ａ」という授業には、これまでたくさんの立派な方々が登壇されたと思うんですが、実は大学ってそういう人だけで構成されているわけではありませんよね。大学には、今、自分がやりたいことがわからない人、大学に来て、授業を受けて、家に帰って、また飯を食って、という単調な生活をしている人も、実はたくさんいるんじゃないかなと思います。以前の僕は、どっちかというと、そっちだったんです。そういう人間が、今ここに立たせてもらっている。そこらへんから話したいなと思っています。

僕は、今、キャンドルナイトの学生統括リーダーをやっています。今年はもう4年生で、キャンドルナイトも3年目です。いわば、上の立場です。でも、大学に入った1回生当時は、正直言って、あまり褒められた学生じゃなかったんです。もちろん授業は多少は出ていましたけれど、大学と自宅の往復で、自分のやりたいこと、遊びたいことを、ただ流されてやっていたというのが実情でした。僕はペンをもつより、ゲームをしたかったので。

そんな僕を変えたきっかけというのが、思い起こすと、キャンドルナイトなんです。べつに僕が一念発起して、「さあ、やろう」と思ったわけじゃないんです。たまたま友だちが参加していたから、「じゃあ、まあ、俺も行くか、あかんかったら帰ろうか」ぐらいの、そんなに意識の高いものじゃなかったんですね。

1回生っていうと、やっぱり、学長のお話にもあったように、「大学ってこんなはずじゃなかった」というのは結構あるんですよね。というのも、僕は今、心理学部に在籍していますが、大学に入学する前、心理学というものに、もっぱらテレビを通して触れていたんです。そういうメディアが取り上げている心理学って、心理テストとか、血液型とか、これこれこういう行動をする人は深層心理的にこうとか、そんな話がほとんどでしょう。ところが、いざ大学の心理学部に入ってみると、そんな授業はなかなかないんですよね。どっちかというと、理系的な手続きが重んじられるんです。「あれ、心理学ってこんなんやったんかな。思ったよりおもしろくないな」。正直、そう思いました。そうしたら、自分がやりたいと思っていた心理学の目論見が外れて、「あれっ?」となっちゃった。中だるみというんでしょうか、目的を見失ってしまったんです。そんなときにキャンドルナイトに出会ったんですけど。

いざ行ってみると、これがなかなかおもしろい。職員さんと学生が一緒になって盛り上げるイベントなんです。

学生だけで1からつくっていこうとしたら、どこか限界があると思います。もちろんそれはそれで立派なことですけれど、どうしても自分たちのレベルに合わせて、やれる範囲で妥協していくと思います。だけど、職員さんが付いているとその限界を超えられるんです。学生課の支援も仰げます。ちょっといやらしい話ですけど、多少のお金も動くんです。となったら、職員さんとしてはすごく責任のある仕事になります。「ここまでの水準は、とりあえず、頼むからやってくれへんか」と言ってくる。僕のように家で『モンスターハンター』をやっていたような人間からしたら、いきなりレベルの高いことを要求されるんですよね。これって、なかなかきわどいものです。中には、最初の説明会に来たけど、いなくなった子ももちろんいましたよね。

具体的な話をしましょう。僕がキャンドルナイトの活動をしていく中で身に付けた能力についてです。たとえば、みなさんも1号館教務課前に行ったことがあると思うんですけど、たくさん人がいますよね。2階にだって、たくさん部署がありますよね。キャンドルナイトを企画・運営するとなると、そうした部署の職員さんと掛け合う機会が増えるんです。「何月何日にキャンドルナイトをします。みなさんのご協力をいただいていますので、よろしくお願いします。ぜひ、いらしてください」というのを、各部署に挨拶まわりに行ったりしなければなりません。

また、キャンドルナイトでは、イベント運営にあたって広報誌をつくるんです。この広報誌っていうのが、なかなか難しい。これは基本的には学生がつくるんですけど、広報誌そのものを出版してくれるのは、印刷会社とか編集者とかという業界人です。そういう大人から、「こういうことをしてくれ、こういうことをやってくれ」と要求が来ます。時間がいっぱいいっぱいでも、「ごめん、明日までに完成させてくれへんか」って言われたりするんですね。でも、仕方がないからやるじゃないですか。そういうことを繰り返していくと、何となく僕は対応力というか、「場あたりの強さ」みたいなものを獲得することができるようになったと思っています。

どうして自分のような人間がバリバリやってこられたのか、べつに僕に天分や資質があったからという話ではまったくありません。最初、キャンドルナイトの活動の中では、ある程度の無茶振りを出されることもあるよ、という話はあったんですけど、でも致命傷になる失敗って、なかなかないんです。職員さんがセーフティネットを広げてくださったり、先輩方がたくさんみていてくださったりとかするので、本当にやばくなったら救ってくれるんですよね。おい、おい、おい、おい、と手を差し伸べてくれるんですよね。

僕は、統括リーダーを経て、今4回生として、3回生や2回生の活動を見守っているんですけれど、いろんな気付きがあります。仲間に加わった当初は、歳によりますが、やんちゃなタイプが結構多いですよね。俺が今いちばん強いんじゃ、みたいなところがあるわけです。でも、実際はやっぱり、世界って広いわけです。先輩や職員さんからミッションをもらって、実際にやってみて、初めて気づくんです。「ああ、こんなすげえレベルがあったんや」と。そうすると後輩たちはがらりと変わります。責任感をもってくれます。こっちは、その子らが無理そうになったら助けてあげたり、メンタルのケアをしてあげたりします。誰でも手ほどきやケアを受ければ、ちゃんと変わっていけるんだなということを僕は感じています。

キャンドルナイトって〝学生の居場所づくり〟っていうコンセプトが、はっきりしているんです。大学には、学生団体がいっぱいありますよね。学生FDスタッフであるとか、ピアサポーターであるとか、部活とか、サークルとか、たくさんあると思うんですけど、絶対そこに入れなかった人っているんですよね。どんな団体にもサークルにもなじめなかった人っていうのは、必ずいるんですね。でも、そういう学生も、居場所さえあれば、能力を発揮できる、自分で自分の可能性に気付けるんです。そういう気付き、最初のきっかけを発掘してあげることが、教職員さんや４回生といった年長者の仕事だと、僕は今、思っています。

ここまで、キャンドルに出会う前の自分と、キャンドルに出会って変わった自分みたいな話をしてきました。この教室には1回生が多いということで、最後に、僕からの、偉そうではあるんですが、メッセージを。

先ほども言いましたが、この大学は何でもあります。ただ、何でもあるからって、何かに全員が全部参加しているわけではないですよね。僕だって、キャンドルナイトに出会わなかったら、こういう場にいなかったかもしれません。でも、そのきっかけって、すごくしょうもなかったんですよね。食堂でご飯を食べていたら、友だちが行くって言うから、「じゃあ、俺も行こうかな、アイスおごってな」ぐらいのレベルでした。こんなしょうもないきっかけが、大学の中にはたくさんあるはずなんです。

だから、みなさんには、ある程度のアンテナを広げてもらって、この「しょうもないきっかけ」というのを見逃さないでおいてほしいと思っています。このアンテナの広げ方というのが、なかなか難しいもので、「やめてもええから、とりあえず参加してみよう」というノリが大事なのかなと思っています。

今年、キャンドルナイトは、全体で80名ぐらいの団体になりました。去年まで40名ぐらいだったんですけど、もろもろの事情から、今年からは、職員さんに代わって学生が活動の中心になってキャンドルナイトの運営をしていかなければならなくなりました。すごく頑張っています。この中にも、来年、再来年のキャンドルナイトメンバーがいることを願って、あるいは、そうでないにしても、何かしらの気付きを得て、「あのとき、俺、こんなんやったな」と思えるような人になっていることを願って、僕の話を終わりにさせていただきたいと思います。ありがとうございました。

追手門を愛してやまないOB・OGからのメッセージ

２００８年から２００９年にかけて、『追手門学院の履歴書――卒業生が語る「わが母校」』という新書サイズの３分冊本が出版された。芥川賞作家やトップアスリート、実業家やタレントなど、学院出身の著名な卒業生は枚挙にいとまがない。だが、第９回目・第10回目の「自校教育講座」には、あえて功なり名遂げたOB・OGを呼ぶことはしなかった。はたして、彼らを招いて講演をしてもらえば、履修生は目を輝かせて話を聞くかもしれない。だが、セレブの武勇譚や成功物語は、今の自分とは関係ないと思う履修生も多いに違いない。また、残念ながら、著名な卒業生が、みな母校に愛着を抱いているとも限らない。世間は〝時価〟で学校を評価するからだ。「学び論Ａ」に登壇した卒業生は、いずれも追手門学院大学を心から愛してやまない、若い人たちばかりだった。彼らはマスコミで顔や名前が売れているわけでも、秀でた才能で名声を勝ち得ているわけでもないが、母校や後輩に寄せる熱い思いでは、誰にも引けをとらない方々ばかりであった。本節では、３名の卒業生を代表して、現在、大学の管材課に勤務している髙本優一さんとの対談を掲載する。

追手門学院大学　管財課課長　髙本優一

梅村　髙本さん、ようこそおいでくださいました。今から髙本さんに、履修生に代わって、いくつか質問させていただきます。まず最初に、髙本さんの今のお仕事についてです。今、管財課でお勤めです。管財課というのは、学生にとってはあまり縁のないところ。何をやっているかわからないところなんですけど、日頃の業務というのはどんな事柄なんですか。

髙本　管財って、ちょっと言葉が聞き慣れないので理解しにくいと思うんですけど、一言でいうと、施設課みたいなものですね。正門を出て、右のほうをみると空き地が１つあります。今、そこに建物が１つ建てられようとしています。課外活動で学生が使えるトレーニング施設です。そういう施設を企画したりとか、学生さんからの要望を聞いて、こういうものが足りないから、じゃあ、次にこういう施設をつくろうかとか、空調の効きが悪いからみてくださいと言われたら、すぐに飛んでいって直したり、ネズミが出たといったら駆除に駆けまわったり、そういう施設の管理の仕事をしています。ほかにもいろいろあるんですけれども、大ざっぱにいうと、そんな感じですね。

梅村　ネズミなんか出るんですか、この大学。

高本　ネズミよりもアライグマがいたりとか、野良猫がファミリーマート周辺に住み着いていたりとか。それに、茨木のキャンパスは自然豊かなので、いろんな虫がいます。

梅村　2番目の質問をしましょう。高本さんはどうして母校の職員になったか、ということですね。この中にも、もしかしたら、大学の職員を目指している人がいるかもしれません。高本さんは第22期生と伺っていますけど、関西大学とか立命館大学とかではなくて、どうして母校の職員になろうと思われたんですか。

高本　母校だからこそ、なろうと思ったんですね。僕もみなさんと同じように、普通の高校を出て、普通の大学に入って、就職ぐらいはどこか名の通ったところへ行きたいななんて、ミーハーなことを考えていたんですね。ところが、海外にちょっと興味があって、大学の研修プログラムでアメリカのカルフォルニアに1ヶ月だけ語学留学しました。そのときに、学生が全部で30人近くいたんですけども、引率に英語コミュニケーション学科の先生1人と、今の私と同じような立場の職員が付いていました。職員の方は、べつに留学に関係する部署ではなかったんですが、引率役として付いてきていて、そこで僕は初めて〝大学事務職員〟という職業を知りました。

みなさん、全然意識していないでしょう。「教務課とか、学生課に、なんかいはるわ、事務員さんが」という程度にしか思っていないと思うんですけども、僕は異国で職員さんと初めて一緒に生活をすることで、大学職員に目覚めてしまったんです。学生と同じ目線で話ができる大人の職業があるんやな、これはおもしろそうやなというのが、大学職員になろうとしたきっかけです。

梅村　なるほど。いまのお答えと関係のある質問なんですけども、「大学職員という仕事の魅力」について、語っていただこうと思います。みなさん、ご存じですか。大学職員というのは、大変人気がある職種なんですよ。今ね、1人の応募に対して50人とか、60人とかというすごい数の人が集まるんです。隠れた人気業種のひとつなんですね。この「学び論Ａ」の教室にも、大学職員を目指そうと思っている人がいると思うんですけども、髙本さんからご覧になって、大学職員というのは、どんな魅力のある仕事ですか。

髙本　やっぱり一言でいうと、学生さんと一緒に仕事ができるというところですね。今の僕の事務局の仕事は、すこし学生さんから離れているんですけども、たとえば、僕も十数年前は教務課にいました。教職課程の仕事のお手伝いです。教職の資格をとりたいという学生は、1回生の頃から相談に来て、2回生で実際に授業をとり始めて、3回生、4回生で教育実習に行きます。3回生、特に4回生になって、教育実習や就職活動を経験すると、学生は見違えるように変わるんですよ。女子学生なんて、いつも寝ぼけたような顔をしていた子が、きれいに化粧を覚えて、もうびっくりするぐらい変わって、夏を越えたら別人です。男子学生でも、教育実習へ行ったら、ビシッと背筋が伸びたような態度になりますね。

大学に勤めていると、4年間でどんどん変わる学生さんに出会えます。いろんな学生さんが入学して、4年間かけて、自分なりに成長して卒業していく。そして、また新しい方が入ってきて、というサイクルがあります。そういう、いろんな学生さんとの出会いというのが、やっぱりいちばん楽しいですね。

そういう学生さんたちのために、我々は何ができるのかと考えることができる。これが大学事務職員のいちばんの魅力だと思います。

梅村　なるほど。ありがとうございます。

じゃあ、次の質問にいきましょう。今度は、「追手門学院大学の魅力って何だろう」ということについて語ってもらおうと思います。髙本さんは、本学を卒業して追手門学院の職員になられたわけだから、当然、追手門学院を心から愛していらっしゃると思います。髙本さんからご覧になって、追手門学院の魅力って何でしょう。立命館大や関大にない、追手門独自の魅力って何でしょう。

髙本　魅力というか、僕の好きなところなんですけれども、一言でいうと、こぢんまりとして、みんなが真面目で明るくまとまっている、というところかなと思います。みんなはどのように思っているかわかんないですが、我々普通に働いている職員にとって、追大の学生ってみんな素直だよねというようなのが一般的な評価です。

たとえば、学内を歩いていて、喫煙場所じゃないところで吸っている子を見つけたら、「おまえ、どこで吸ってんねん」と注意します。すると、「あっ、すみません」と言うような子が多いですね。「たばこは喫煙コーナーで吸おうね」と注意したとたん、「なんやと、こら」とぶち切れたりするような子は、少ないですよ。

あと、大学がちょっと駅から離れていて不便も感じるんですけれども、まわりに緑も多いし、キャンパスもわりとまとまっていて、クラブをやっている学生さんたちにとっては、ちょっと不満もあるかもしれませんが、そこそこ設備も整っているので、４年間、学生生活をして過ごす分には、ちょうどいいキャンパスなんじゃないかなというふうに自負しています。

梅村　じゃあ、今度は逆に、嫌な追手門って何でしょう。追手門学院で働いていて、もしくは昔は勉強していらっしゃって、これは追手門の嫌なところだなと思われたところはどんなところでしょう。

髙本　嫌な追手門……。学生をみていると、もっともっとがむしゃらにいろんなことをやっていこうよって言いたくなってきますね。みんな、おっとりしすぎなような気がするんですよ。もっと自己主張しろということではなくて、もっといろんなことに好奇心をもって、熱意をもって取り組んでほしい。人生の中でも、大学の４年間というのは、やろうと思えば何でもできる時期なので、もっといろんなことにチャレンジしてほしいな、と思いますね。僕が学生時代のときも、おっとりしてましたが、これは追手門の特質なのかもしれないな、と感じるときがあります。

つぎに、職員として、働く人間として、追手門の嫌なところ。これは言い出したら切りがないので、あまり言いません。みんなも就職したら、そこで必ず嫌なことがあります。もう絶対、もう間違いなく。今、抱えているような友達関係のいざこざとか、授業がかったるいとか、そんなものとは比べものにならないほど、嫌なことが社会にはたくさんあります。だから、追手門にも嫌なところはいっぱいあります。たとえば、上の方針がころころ変わる。自分がこうやと思ってやっているのに、なんか、それは違うみたいな。はっきり言われるわけじゃありませんが、そういうことが仕事をやっていてよくあります。

梅村　なるほどね。組織の中で働いていると、どうしても組織の駒にならざるを得なくて、上からの突然の方針転換に戸惑う、そういうことが多いですね。

今度は、後輩たちのために、ここにいるみなさんに対して、一言お願いしたいのですが、これだけは管財課の課長として学生さんに成し遂げてあげたいと思っていることはなんですか。

髙本　私は22期卒業生で、大学時代は陸上部に所属していました。縁があって、ちょっと前から陸上部の顧問もやるようになりました。べつに練習を見に行って熱血指導をするわけじゃありません。毎日、夜遅くまで仕事をしているので、なかなか指導はできません。でも、たまに相談に乗ることはしています。ところが、陸上部に限らず、クラブをやっている学生さんたちの練習環境が、もうひとつ、よくないんですね。これは痛切に感じています。でも改善はなかなか困難です。たとえば、グラウンドをもう1つつくったらええやんといっても、そう簡単にはいかない事情があるんです。でも、それを何とか実現したい。

ほかにも細かいことはたくさんあります。たとえば、女子トイレをもうちょっときれいにしてあげたい。できることもあります。たとえば、今年の夏休みには、5号館の3階の机、椅子をきれいにします。ちょっとでも、今いる学生さんたちが快適に勉強できるような、快適な学生生活を送れるような環境を、僕がいる間につくりたいなと思っています。

梅村　期待しています。じゃあ、いよいよ最後の質問。髙本さんが大事にしているモットー、大事にしている言葉はなんですか。追手門学院大学の卒業生として、または大人の男性として、みなさんに伝えたい言葉、これについて語っていただいて、終わりにしたいと思います。どうぞ。

髙本　ちょっと言うのが恥ずかしいんですけど、「*Do my best*（ベストを尽くせ）」、これが人生のモットーですね。そのときそのときで、最善のことをしたら、もう結果がどうなってもしゃあないやんと思って生きていきたいと思っています。モットーって聞かれたら、やっぱりそれかなと思います。

梅村　はい。どうもありがとうございました。

高本　1回生のみなさん。4年間、頑張ってくださいね。いろんなことにチャレンジしていってください。大学職員って、おもしろそうやなと魅力を感じたら、就活の時期に就職センターへ行って応募してみてください。頑張ってください。ありがとうございました。

追手門をホームに、アウェイで活躍する追大生紹介

第11回目の学び論A「自校教育講座」では、椅子と机を撤収して、教室の真ん中にステージを設営した。ここに、「追手門をホームに、アウェイで活躍する追大生」を招待して、日本一、世界一のパフォーマンスを披露してもらおうという趣向だ。追手門には、秀でた能力や技量で競技会を勝ち抜き、表彰を受けた学生が少なくない。彼らを履修生に紹介し、目の前で鍛錬した技を披露してもらう。そして、「追手門にもこんなすごいやつがいるんだ」と知ってもらいたい。

今回は、4名の〝すごい学生〟が「学び論A」の教室に来てくれた。

佐山千尋さん。現在、社会学部2回生。2013年5月に弘前で行われた「津軽三味線全国大会」で日本一になった。和久義忠君。心理学部3回生。「学生ドリームプラン・プレゼンテーション」関西地区代表として、大阪市中央公会堂で毎年千人規模のイベントをとりしきる。登優斗君。経営学部マーケティング学科3回生。2013年3月に渋谷公会堂で行われた「ダブルダッチ世界大会」スピード部門で優勝して世界一になった。広浜悠斗君。経済学部ヒューマンエコノミー学科4回生。

2012年、東京代々木公園で行われたストリートダンスの全国大会「UNDER20」の部門で日本一になった。

本節では、この4名のうち、安倍晋三首相と「若者が考える20年後の日本」について、語り合ったという剛の者、和久義忠君のプレゼンテーションを掲載した。

学生ドリームプラン・プレゼンテーション　和久義忠

今、ご紹介にあずかりました3回生の和久義忠です。

いちばん最初に、みんなに質問したいことがあります。それは「あなたの夢は何ですか」。僕が大学生になって、初めて突き付けられた言葉でもあります。そのときは、将来のことも全然わからなかったし、答えられなかったです。みんなはどうですか。もしかしたら、はっきり答えがあるかもしれない。いや、全然わからん、と思っているかもしれない。今日は15分間、夢をテーマに話をさせてもらいます。

1回生の人は、大学生になって、まだ半年も経っていないと思うんですよ。でも、高校のときって、大学や大学生のイメージって、どんなものでした?

——（会場から）楽しいイメージ。

楽しいイメージ。そうか。でも僕の場合、ちっとも大学生にはなりたくなかった。というのは、僕が抱いていた大学生のイメージって、飲み会やって、合コンやって、駅で酔いつぶれているっていうイメージしかなかったから。初めて、ある大学に模試に行ったときに、駅の近くの居酒屋で、寝転がっている大学生がいたんです。「あっ、大学生って、こんなんなんや」って。「へえ、これが大学生なんや」って。衝撃を覚えたことを覚えています。

希望をもって大学に入ってきた人もいれば、不本意で追手門に入学したってという人もいると思います。僕は大学に入って、今、3回生。今、感じていることを話せたらいいなと思います。

正直、遊び呆けているのが大学生だと思っていたんです。でも、実際に大学に入ってみると、違いました。起業している人、カフェを経営している人、本気で学問が好きで将来につなげたいと思っている人、ボランティアで海外に学校を建てている人。いっぱい出会ったんです。僕のイメージの大学生と全然違うと思ったんです。すごくきらきらしていました。そのとき思い直したんです。大学って何でもできるんやって。4年間という時間で、自分のやりたいこと、将来の夢に向かうこと、何でもできる。べつに偉いことじゃなくてもいい。遊ぶことだって大事。何かに必死で打ち込んでいる大学生はいっぱいいるということを発見したんです。

そんな中で、「学生ドリームプラン・プレゼンテーション」に出会いました。簡単に説明させてもらいます。バイトとかサークルとか、いろんな活動がある中で、自分の本当にやりたいことをやれている大学生、もちろんいると思います。でも、反対に、何をしたらいいかわからへん、なんかとりあえず大学に入ったけど、どうしたらいいんやろうと思っている人たちも、やっぱり多いのかなって思います。そんな、何したらいいかわからんという人のために、夢を語って挑戦していく場所をどんどんつくろう、そういう団体です。

夢を語る。夢に挑戦する。そういうイベントをいろいろやってきました。その中で将来自分が本当にしたいことは何なんやろうなって、すごく考えるようになりました。

それと同時に、どこかで、やっぱり無理なんちゃうんかなって。将来やりたいことはあるけど、それは無理なんちゃうかな、夢は叶わんのちゃうんかなって思うこともいっぱいありました。僕は学外で活動してきたので、まわりの人たちは、大阪大学の人とか、東京大学の人とか、早稲田大学の人とかばかり。やっぱり賢くないと、夢は叶わんちゃうかなと思っていた部分も正直ありました。

でも、チャレンジしていくにつれて、いろんな人が応援してくれて、いろんな人が「大丈夫、一緒にやろうよ」と言ってくれました。すると、自分もじゃあ、こういう場をどんどんつくる側になりたいなって。そういう人たちと関わることによって、自分が変われた。だから、1人でも多くの人に伝えられたらなって。

今、もう1回、自分の中で考えてほしい。何で大学に来たんやろうって。何でこの学部に入ったんやろうって。1回生の人は、まだ全然わからんと思います。べつに今のままでも全然いいやろうって思うかもしれないけども、僕は自分のまわりに、就活を目前にして、「あ、自分は、ほんまにやりたかったことを全然してなかったな。だから休学する、大学を辞める」という人をみてきました。そんな後悔をするくらいだったら、1回生のうちからやりたいことをやって、思い切り楽しんだほうが絶対いい。

みんなの中に、「大学生活、めちゃくちゃ充実しています、めちゃくちゃ楽しいです」っていう人、いますか?

――（会場から）いや、もう、授業が終わってすぐにバイトで、バイトに行って、また学校に行って……。

僕は、そういう人たちには、まず一歩踏み出すことが大事だと言いたいです。べつに大きいことじゃなくてもいい。何かしたいなって思って、アンテナさえ張っていたら、絶対何か転がってきます。そのときに一歩踏み出してほしいな、というふうに思います。

夢というのは、べつに大きくなくてもいいです。小さくてもいい。誰かのために、社会のためにって、そんなん言わなくてもいい。こんな家庭を築きたいとか、こんな楽しいことがしたいとか、自分の大切な人とずっと一緒にいたいとか、それも僕は夢だと思っています。だから僕は、夢って全員がもてるもんだと思うんですよ。それをやっぱり大事にしてもらいたいと思っています。

僕自身の夢を話させてもらいます。

僕の夢。

それは、自分と自分が大切な人を笑顔にすること。ひとりひとりの夢を引き出し、応援するカウンセラーになって、ワクワクする社会をつくること。ワクワクする社会。それはあたりまえのことに感謝できる、それは喜びや悲しみや夢をまわりの人と共有できる、それは誰かが夢を掲げたときぜったいできるよ！　って応援する、そんなワクワクする社会です。そんな社会を僕はつくりたい。

夢を語るって、すごく素晴らしいことです。夢を語る人は輝いて見えます。

僕は大学に入る前に1回夢を失いました。僕は1年浪人しています。将来カウンセラーになりたいなって思ったのが、高校3年生の夏。ずっと野球をやっていたんですけど、部活を引退して、勉強を全然やっていなかったことに気が付いた。勉強せなあかんなと思って、1年浪人しました。

そのときにまわりの大人に、「将来カウンセラーになりたい」と言ったら、めっちゃ批判されたんですよ。「カウンセラーなんか絶対に無理や、お金にもならん、やめておけ」って。正直迷いながら、でも、浪人に1年かけるんやったら、ほんまにやりたいことをやろうって。

勉強した結果、第1志望に落ちました。「やっぱりできないんや」って言われた気持ちになりました。1年かけて、親にお金を出してもらって勉強したのに、結果を出せないんだって思ったときに、「もう夢とかどうでもええわ。あほらしい」って思いました。夢を失って、2ヶ月ぐらい、ずっと寝て起きて、寝て起きての繰り返し。でもやっぱり自分の中で、どこかで諦められない気持ちがありました。だから一歩踏み出せた。

大学1回生のときに、不登校の子と一緒に勉強したり遊んだりするボランティアをやっていました。初めて行ったときは、カウンセラーとしての経験を積めるなとか、甘い気持ちで行ったんですよ。

初めてボランティアに行ったときのことです。ある不登校の中3の男の子に挨拶したら、突然、僕の腕をつかんだんです。何やろうと思って、「どうしたの」と言っても、何も答えない。そのまま腕を引っ張られて、屋上に連れていかれたんです。そのときに、彼が一言「死にたい」って。最初は経験を積むためとか、甘いことを考えていったけど、ああ、カウンセラーって人の命が懸かってんねやって。今、目の前に15歳の子がいて、「死にたい」と言っている、でも自分は何もできひんって。一言も、何ひとつ伝えることができなかったんです。

自分にはカウンセラーなんか無理かもしれないって思った。でも、この子だけは卒業するまでしっかり関わりたいと思って、1年間一緒に勉強したり、遊んだりしました。日に日にしゃべるようになって、卒業間際に手紙をもらいました。その手紙には「あの時は死にたいなんて言って、ごめんなさい。でも、今は自分も夢があります。自分も和久さんみたいにきらきら輝いて生きていきたいです」と手紙をもらいました。そのとき、僕にも、ひとりの中学生に対して何かできたんやって、感じました。めちゃくちゃ嬉しかったです。

今、いろんな人と出会って、いろんなご縁をいただいて、こうやって今日もみんなに会えました。こういう出会いを、僕は大事にしたいと思います。ひとりひとりの自分の夢、まだまだ明確じゃないかもしれないけど、それを応援したいんです。

もう1回、あらためてみんなに聞きたいです。「みんなの夢は何ですか」。みんなのしたいことは何ですか。自分の理想の生き方ってどんな生き方ですか。10年後、20年後、こんな生き方をしていたらうれしいなって思える生き方。１００年後、どうせ、みんな死んでいます。たった1回の人生で何をやるか。自分のやりたいことを思い切りやったらいいと思います。

自分の夢、今からできることやったら、今、やろう。もし海外へ行きたいんやったら、海外へ行ったらいいし、会いたい人がいるなら、会いに行ったらいい。有名になりたいんやったら、有名になったらええねん。今からできることって、いっぱいあるよ。1回生の人、あと3年半、どう過ごしたいですか。それは自分自身の一歩で絶対変わります。もし、応援する人がいないなら、僕が応援します。ありがとうございました。

「なぜ私は追手門で教員をやっているのか」――教員のアイデンティティ

大学教員は、より条件が整った研究環境を求めて、大学から大学へ移籍することが半ば公認されている。そのためか、研究一途だが、所属する大学の実務にはからきし不熱心で、教育にも熱が入らないという教員は少なくない。学生のみならず、大学教員も、多くは〝不本意〟であり、〝偶然〟縁あって今の大学で禄を食んでいるにすぎない。第12回目の「学び論A　自校教育講座」では、履修生に、追手門に対する思いを聞いてみたい先生を選挙してもらい、選ばれた11名の教員に登壇してもらった。テーマはずばり、「なぜ私は追手門で教員をやっているのか」であった。本節では、そのうち8名の先生方の談話の記録をまとめた。

元 国際教養学部英語コミュニケーション学科教授・中村啓佑

ご紹介いただいた中村です。みなさん、こんにちは。

梅村先生からお誘いのメールをいただきました。梅村先生によりますと、この授業のためにアンケートをしたら、追大に対する思いを聞いてみたい先生として、私に何票かが入っていたということ。どんなにうれしかったか。多分、みなさんには想像ができないだろうと思います。この前のＡＫＢ総選挙で1位になった「さしこ」よりも、もっとうれしかった。これは事実です。

さて、私は、1970年秋に、フランス語教員として追大に赴任いたしました。赴任した当時、正直言いまして、長くいるつもりはありませんでした。というのは、ひとつには専門の文学研究科、フランス文学研究科がなかったからです。もうひとつは、まだできたばかりの追大の学生さんのレベルは、本当にみなさんが想像できないようなひどいものだったのです。私はもう、できるだけ早く、この学校を去りたいというふうに思っておりました。

そんな私が、なぜ、40年もの長い間――40年ですよ。みなさん想像できますか――追大にいることになったのか、理由は3つにまとめることができると思います。ひとつは「縁」です。これは「偶然」と言ってもいいと思うんです。もうひとつは、「居心地」ですね。居心地、これは「環境」という言葉で置き換えることができます。それから3つ目は、私自身の「変化」。これはちょっとおこがましいですが、「成長」という言葉に置き換えてもいいと思います。

まず、最初の「縁」ですが、1960年代から1970年代にかけて、たくさんの大学が新設されました。そんな新設大学の1つである追大にいらした先輩たちが、私を呼んでくださった。私がまったく知らないときに、ほとんどまったく知らないところで勝手に話が決まっていた。今思えば非常にラッキーです。そして偶然であり、縁ですね。

その後、私はほかの大学に移りかけたことが、3回ありました。そのうちの1回は、向こうのほうの都合で話がぽしゃりました。あとの2回は、いろいろ考えた結果、私のほうで断りました。こうして40年間、どこへも行かずに、結局、追手門で非常に幸せな退職を迎えました。よほど、私はこの大学に縁があったんだと思います。

次は「居心地」、「環境」ですね。移る可能性が2回もあったのに、なぜ断ったのか。それは何度も言いますが、居心地がよかったから。教員もそうですけども、特に職員の人たちが非常によかったと私は思っています。これは追大に来られる非常勤の先生方が、みなさん、いつもおっしゃっていることです。多分非常に細かいところに気が付く方、親切な方が多い。このことは、上から教えられたからといって、できるものではありません。もともとそういう親切な方々がいらしたんじゃないかなと思っています。

一方、教員のほうですが、教員のほうは非常にのんびりとしたというか、のんきというか、そういう方々が私のまわりにたくさんいらっしゃいました。

思い出しても、おかしくなる話があります。今から三十数年前になります。私を含めた何人かの先生方で、「あほの会」というのをつくりました。「あいつ、あほやな」という、あの「あほ」ですね。集まって議論をしたり、お酒を飲んだり、難しい本を読んだりしました。

多分、みんな、共通点としてこういうことを考えていたんだろうと思います。「業績をあげたり、昇進したりするためだけにあくせくしないでおこう。時代に流されないでおこう。私たちには、もっともっと大事なことがあるはず。人間として、教育者として、研究者として考えるべきこと、勉強するべきことがもっともっとある。まわりの人たちは多分、何を時代遅れな『あほ』なことをしているんだろうと思うかもしれない。でも、そう思われても、あほになろう」ということを、みんなで何となく考えていたような気がします。

「あほの会」のメンバーは、当然、教員のごく一部にすぎませんでしたけれども、私が言いたいのは、当時の、30年ぐらい前の追大には、そういうけったいな教師がいて、浮世離れをした会をつくる、そういう自由な雰囲気があったんだということを申し上げたいと思うのです。別の言い方をすれば、追大は私たちを自由にしておいてくれました。そして、その自由をどのように使ったか、それが最後の「私の成長」につながる話です。

赴任当時、先ほども言いましたように、もっとレベルの高い大学に移りたいと思っていました。しかし、これだけは言っておきますが、学生さんたちとのお付き合いをイヤだと思ったことは一度もありませんでした。それは多分、素直で嫌味のない学生さんが多かったからだろうと思います。「追大の学生さんは素直ですね」というのは、これも非常勤の先生方からよく聞く話です。昔ほどではないにしても、素直な学生さんは、今もけっこういらっしゃるのではないでしょうか。そういう学生さんたちを相手に教えているうちに、どうしたらもっとわかってもらえるような授業ができるのかということを真剣に考え始めました。

その頃のフランス語の教授法はどんなものかと言いますと、簡単に言ってしまうと、1年で文法事項を全部終えて、2年目から文学作品を読むという、これは今考えたら、メチャクチャな方法だったんです。それは、大学進学率が3%、いや、1%にも満たない時代の、文学大好き人間の先生方が考えた方法だったんですね。当時は、第二外国語は必修でしたから、学生の多くは、そういうメチャクチャな方法に困っていました。

時代は変わっていた。学生の数もレベルも変わっていた。なのに、教授法だけはまったく変わっていない。それはおかしいと私は思いました。学生の実情に応じたフランス語教育法をつくりあげなければならないと思いました。

授業の実践と研究と、それから仲間たちの研究交流をいろいろ重ねた結果、1995年に、もう1人の方と一緒に、日本で初めての本格的なフランス語教授法の本、『フランス語をどのように教えるか』を出版することができました。

こうしたことができたのは、直接、間接に力を与えてくれた学生さんたちがいたからです。追手門に自由な雰囲気があり、私のまわりの職員や教員も、そういう私の理想を温かく見守ってくれていたからです。学外活動を応援してくれたからです。

ひとつだけ、思い出話をすることを許してください。ある秋も深い夕方のことでした。先ほどの研究会、「フランス語教育を考える集い」という会の資料をつくっていました。50人以上の会です。大量の資料の準備をひとりでやっていると大変でした。そこへ若い課長さんが現れて、「先生、何してはるんですか」とたずねてくださったのです。いや、実はこうこうでというと「そうですか。じゃあ、手伝いましょう」といって、彼は非常に夜遅くまで、印刷・製本を手伝ってくださいました。これはついさっき聞いた話なんですが、その方はご病気でお辞めになったんですけども、実は本学の1期生だったそうです。ああ、なるほどなと思いました。

こういう環境の中で、私は精神的にも変わりました。どういうことかというと、文学研究で業績をあげることだけが私の人生ではない。みんなと一緒に楽しく教育に携わること。その方がむしろ、私に向いているのではないかと思えるようになりました。ですから2年前、70歳で退職したときは、本当に私は幸せでした。その余波で、73歳になる今も、毎日非常に楽しい生活を送っています。

もちろん嫌なこともありました。パラダイスじゃありませんから、嫌な人もいますよね、当然ね。嫌なこともあったし、まわりに迷惑を掛けたこともありました。思い出したくないような恥ずかしいこともたくさんやってきました。そういういろんなマイナスを差し引いても、追大は、私にとって非常に優しい育ての親であり、今では、もう嫌な思い出はどんどん、どんどん消えて、楽しい、懐かしい思い出ばかりがよみがえってくるというのが、今日の私の結論です。

こういう機会を与えてくださった梅村先生、どうもありがとうございました。それから、熱心に聞いてくださったみなさん、ありがとうございました。

国際教養学部アジア学科准教授・磯貝健一

梅村　磯貝先生は、2010年から国際教養学部のアジア学科にお勤めですね。いつも磯貝先生からは、緊張感というか、張りつめたものを感じるんですけど、何か武芸のたしなみとか、特殊な任務を負っていらっしゃったとか、たとえば、自衛隊のレンジャー部隊にいたとか、そんなようなことはあったんですか。

磯貝　ああ、もう対談が始まっているわけですね。私は昔から、運動がとても嫌いな人間で、一切そのようなことはないです。

梅村　そうですか。先生のご専門は中央アジア史ですよね。中央アジア史とか、イスラーム社会研究。日本人には大変縁遠い世界。最近はテロとか、戦争とか、物騒な話題が多いですから、どことなく、あぶない感じもします。磯貝先生が、この分野の研究に生涯を懸けようと思われた、そもそものきっかけというのはどんなことなんですか。

磯貝　どうしてイスラーム研究かという話になりますと、学生のみなさんは多分、もう知らないと思うんですが、みなさんの、お父さん、お母さんは多分ご存じのはずです。昔、ＮＨＫが『シルクロード』

という番組をやっていたんですね。

それは中央アジアを取材する番組でした。当時、普通の人は中央アジアには行けなかったんですよ。そこへNHKのカメラが入って、現地の遺跡とか、そこに住んでいる人たちを映すという番組です。すごくはやったんですよ。毎週毎週、ほとんど欠かさず、その『シルクロード』という番組をみていました。その頃私は中学生ぐらいで、何も考えずに「なんか、ええな」と思って、中央アジアを知りたいなと思ったんですね。

中央アジアは、今ではイスラーム世界なんですけど、『シルクロード』という番組が扱っていた時代は、イスラーム教が中央アジアに入る前の時代なんですよ。もっと古い時代だったんですね。

本当はね、イスラーム教は全然興味がなかったんです、大学で卒論を書かなきゃいけないとなったときに、中央アジアで書きたいと言ったんです。しかも、だいぶ昔の時代をやりたいと言ったんですね。そうしたら、当時の先輩や先生に、「それはもう完全に日本で研究し尽くされているからやることないよ」と言われてしまったんです。もっと新しいところをやれと言われて、「え、じゃあ、イスラーム時代ですか」と言ったら、それしか残ってないねって言われて、正直嫌々ながらやったんですね。

ただ、イスラーム時代の研究でも、べつに宗教と関係ないこともやっていいだろう、べつにイスラーム教に深入りしなくてもいいだろうと思っていたら、嫌だ、嫌だと思っているうちに、どんどん引きずり込まれてしまったんです。今、ほとんど宗教とか、それに近い研究になってしまいました。だから私のイスラーム研究は、当初から目指したいと思ってやったものではないですね。

梅村　なるほど。私も『シルクロード』という番組は毎週みていました。喜多郎のシンセサイザーのテーマソングを今でもよく覚えています。

では、次の質問です。先日、この「学び論Ａ」の時間に、学長のビデオレターというのを流しました。そのとき、この学校には〝不本意入学〟とか、〝偶然入学〟の学生が多いという話になった。そのときに坂井学長は、〝不本意入学〟っていう言葉はよろしくないっておっしゃいました。人は与えられた環境でベストを尽くすべきであって、不本意だと思っていたら、何もできませんよと学長はおっしゃったんですね。先生はこの学長の意見に対して、どのように思われるでしょう。

磯貝　私も本当にそう思いますね。そのビデオレターを私はみていませんが、まったく同感です。

では、その話題から、私が何でこの大学にいるのか、なぜ追手門に赴任したのかという話をちょっとだけ言わせていただきます。みなさん、大学の先生といわれる人たちが、どうやって就職するか、想像が付きますかね。

これは、多分ほとんどの人は知らないと思うんですよ。実は大学の先生の就職というのは、いろいろなケースがありますが、基本的には公募なんです。公募というのは、その大学で、ある分野で欠員が出たときに、誰か入ってくれませんかと募集することですよね。そういう募集にみんな応募して、たまたま通った人が、そこの大学の先生になります。

私がやっているイスラーム研究というのは、すごく公募が少ないんです。だってね、みなさん、今、日本中にいくつ大学があるか、ご存じですか。700を超えているんですよ。800近いんです。800近い大学で、英語を教えない大学はあり得ないでしょう。ほかにも、これを教えない大学はあり得ないよなという分野がいくつかあるはずなんだけど、イスラームは基本的にどこの大学でも、なくてもいい分野ですね。

だから、関西の大学の中で、イスラーム研究者を常に置いている学校というのは、多分10校もないと思うんです。日本全国を入れても、50校もないんですよ。そうすると、イスラーム研究の専門家の募集が、どういうときに行われるかというと、新学部が開設されたとき、もしくは、追手門みたいにたまたま欠員が発生したときしかないんです。でも全国で50ぐらいしかイスラーム研究者を募集するところがないわけですから、毎年毎年、欠員が出るわけがないんですよね。人によっては、「あの先生はそろそろ弱ってきたし、死なないか」とかいう口が悪い人がいたりしてね。そんな世界なんです。

だから、もうどこの大学だろうが、全部応募するの。結局、僕の場合も、ここに来るまでに何回も落ちているんですよ。イスラーム研究者なんて、今、公募を掛けたら、50倍か60倍です。いろいろ審査もあります。50倍か60倍で似たような業績をあげている人の中から選ばれるわけだから、入れたら本当にラッキーなんです。正直言って、私は追手門とは何の縁もありませんでした。非常勤講師をやっていたわけでもなかったんです。どこにあるかも、知りませんでした。

追手門の公募があったとき、私は40過ぎていたんです。変な話だけど、私が結婚したのは、41歳だった。遅かったんだよね。41で結婚したとき、僕の年収というのは、200万円を切っていたんだから。大学の先生って、常勤の職がなければ、全部そんなもんです。常勤になったら、確かに生活はすごくよくなるわけですね。でも、その枠を取るために、みんながよーいドンで公募に応募するわけです。だから、選べない。

何が言いたいかというと、確かに〝不本意入学〟という言葉はあります。確かにいい言葉じゃない。

でもね、関関同立にも、京大や東大や阪大に入れなかった不本意入学者はいっぱいいるはずですよ。東大生はどうでしょう。さすがにあそこにはいないだろうなと思っても、多分探せば、俺は本当はハーバードへ行きたかったというやつがいるはずですよ。だから、きりがないと言えば、きりがないんです。

人生には不本意なことはいっぱいあります。今言ったように、たとえば研究者を目指すでしょう。大学の専任教員でなければ食べられないでしょう。だから公募が出たところに応募するしかないんです。たまたま入れてくれたら、ラッキー。選べないんです。職業だって選べないです。みなさんだって同じ。子供の頃にプロ野球選手になりたいと言っていた子が、全部なるわけでは、当然、ないわけです。でも、みんなどこかの職には就くわけです。

結婚も同じです。いや、べつに僕は奥さんに文句があるわけではないのです。私には過ぎた妻です。みなさんだって、中学生、高校生のときに、芸能人なんかを想い浮かべて、こんな人と結婚したいな、という理想があったと思います。でも、そういう人と結婚できるわけないじゃない。

結局、世の中、自分で選べる選択の余地は狭いです。狭いんだけど、でも、ここで埋もれたくないと思うなら、今いる環境でベストを尽くして、次の選択肢を広げなきゃだめですよね。

でも、上ばかり目指していたら、いつまで経っても満足できない。たとえば、プロ野球選手になれたけど、メジャーの選手になれなかったから、俺は負け組だなんて考えるのはおかしい。努力して選択の余地を増やすことは、自分でやらなきゃいけない。今いる環境で、まずベストを尽くさなきゃいけないけど、同時に、どこまで行ったら自分は満足できるのか、という上限ももっていたほうがいい。

私は今、追大にいるでしょう。今年で４年目です。何で教員をやっているかと言われたら、今言ったように、選択の余地なんかなかったからです。みなさんにも、追手門なんか来たくなかったなんて思ってほしくないです。ここでベストを尽くしてほしい。僕も教員としてベストを尽くしたい。そう思ってここで教員をやっているわけです。そういうことを、ちょっとまとまりがなかったかもしれないけど、ちょっとお伝えできたらな、と思いました。

基盤教育機構准教授・土肥眞琴

梅村　土肥先生は、2011年に経済学部に着任されて、今は私と同僚です。基盤教育機構の教員をしていらっしゃる。ご専門は、キャリア教育ですね。

そこで最初の質問です。今、社会が大学生に求めているキャリアというのは何でしょうか。資格をとりたい人、免許をとりたい人、またSPIの勉強に励む人はいっぱいいます。でも、本当に社会が求めている大学生のキャリアというのは何なんでしょう。

土肥　まず、キャリアって、そもそも何でしょう。今、私が考えているのは2つです。まず1つは、みなさん自身が自分のことを大事に思って、自分の未来をつくっていく、自分を育てていく、その気持ちをもって取り組むような力ですね。それから、もちろん自分のことが大事なんですけど、世の中って自分だけでは進むものじゃありません。なので、自分も含めてほかの人、社会全体を巻き込みながら自分を育てていく、まわりを育てていく力、この2つだと私は思っています。

追大で今、文部科学省の産業界GPという助成を受けていて少し企業調査をさせてもらっています。また、正式に報告・発表をしますが、実はみなさんが社会というときに、最初に思うのは何でしょう。

多分会社のことじゃないでしょうか。今、みなさんは1回生が多いので、あんまり就職活動はぴんと来ないかもしれないですが、サークルの先輩や、おうちの人から、「就活で今の学生は大変だ」という話は聞いているかもしれません。就活の時、会社の人は学生のどこをみているのかというのを調べたんですけど、やっぱり基本的なことが大事だという結果でした。資格やSPIの成績や語学力とかは、あとから付いてくるもの。そういったものよりも、まずはやっぱり、自分から進んで何かやりたいな、できるようになりたいなと思って行動していく力、これを主体性といいますが、それを求めている企業が多いです。そのことを頭に入れておいてもらいたいなと思います。

梅村　ありがとうございます。さて、土肥先生は、インターンシップに臨む学生のご指導を一手に引き受けていらっしゃいますね。土肥先生の授業は、とってもおもしろいとのこと。ほかの先生の授業と、一味も、二味も違う。学生が自発的に学ぶということを大切になさって、アクティブ・ラーニングというか、双方向型の学習を取り入れておられるそうですね。これはどんな授業なんでしょう。かいつまんで教えていただけますか。

土肥　追手門で授業を担当して、今年3年目です。私が1年目から取り組んだことは、大人数授業におけるグループワークでした。200人ほどの3回生の受講生を、いきなり無理やりグループ分けして、テーマを決めて、グループディスカッションをやっています。

インターンシップというのは、就職活動の準備というような位置付けをされることがよくあるので、ビジネスマナーであったりとか、履歴書の書き方であったりとか、そういうことには学生さんはみな、とても関心があるんです。でも、テクニック的なことを知ってもらう前に、そもそもそれが何のために必要なのかを理解してほしい。自分に何かやりたいことがある、こんな自分になりたいなって思ったときに、それを社会との関わりで考えるとどうなるか、を考えてもらう。

「就職」というと、みなさんは会社に入って何かをするんだろうなというイメージがあると思うんですが、じゃあ、自分がやりたいことって、会社の仕事にあてはめると、どんな仕事になるんだろう。それができるようにするためには、今からどんなことをしておくことが必要なんだろうということをグループで考えていきます。

６人ぐらいのグループの中で、リーダーとか、サブリーダーを決めて、出席リストの回収とか、連絡事項の伝達とかをやってもらいます。リーダー、サブリーダーは、やりたい人がやるのが基本ですが、最終的には全員が必ずあたるようにしています。

みなさんそれぞれキャラクターがあるので、最初からリーダーシップをとって、どんどんやれるタイプの学生さんもいるし、少し慎重にまわりのみんなを見ながら、ちょっとまねしていって、できるようになるという方もいるし、最後の最後に登場しようかなというキャラクターの人もいらっしゃるので、無理のないペースで取り組めるようにしているつもりです。

梅村　なるほどね。そういった、アクティブ・ラーニングや、双方向型授業の中で、先生はたくさんの追大生と今まで出会ってきたと思うんですね。追手門の学生は、とかく自分に自信がないとか、大学に帰属感を感じていないとか、または自己肯定感に乏しいとかっていう評価を受けています。でも、先生は追手門の学生に可能性をお感じでしょうか。

土肥　毎回非常に感じています。たとえば、先週も、ある課題を出してグループで考えてもらうというワークをしたんですね。その課題は、もう4年間ぐらい、追大以外でもいろいろ大学で行っていますので、延べで言うと、多分3千人ぐらいの学生さんに考えてもらっている課題なんです。だいたい学生さんから出てくる答えは決まっているんですが、先週の追大の火曜日のクラスの中で、その課題に対して、「Ａがいいか、Ｂがいいか」という発想じゃなくて、初めて「Ａもあるし、Ｂもある。だから、これから考えて、Ｃもあるし、Ｄもあるよね」というような形で、新しくどんどん積み上げていくような、大きな視点で考えてくれたグループがあったんですよ。

私は火曜と木曜の2クラスをもっていて、木曜のクラスは、もしかしたら火曜日の学生から聞いていたかもしれないんですけど、木曜日もやっぱり、そういうふうに考えてくれたグループがありました。これは追大が初めてです。

こういう大きな視点からの意見を聞くと、ああ、時代は変わってきているなと実感します。どこの大学の学生だからというんじゃなくて、これから先、自分たちが地球をつくっていく、世界中の、同年代の若者とつながりをつくり、新しいものを生み出していく、そういう力を自然にもっている若い人たちが出てきているんだな、とすごく感じました。どんどん可能性を示してくれているなって感じます。

梅村　では、最後の質問です。なぜ土肥先生は、追手門学院大学の学生のために、そこまで粉骨砕身、努力をなさるのか、一生懸命、教育活動に取り組んでいらっしゃるのか。その理由って何でしょう。

土肥　それはやっぱり、そうさせてくれる学生さんがいるからです。先ほど、黄色い冊子を配らせていただきました。今の2回生が去年、大学コンソーシアム大阪の企画で活動してまとめてくれたものです。学生さんたちが実際に企業へ行って、いろんな話を聞いてきて、報告書にまとめているんですが、こんなことをやりたいなと言うのでやらせてみると、学生さんはすごくできるんです。1つできたら、「じゃあ、これは？　次は？」みたいな感じで、こっちがいろんなメニューをどんどん出そうという気持ちに自然とさせてくれたわけです。

レストランなんかでも、お客さんがお店を育てるということがありますよね。お客さんがいろいろ注文してくれて、メニューを増やしていったら、「おいしい」という反応がある。そうすると、お客さんを喜ばせるために、もっとこうしようという気持ちが出てくる。みなさんの好きなアーティストのライブでも、リクエストとか声かけとか、「今日はすごいノリのいいお客さんやな」と感じれば、アーティストの方も予定以上のパフォーマンスを演じてくれる。それと同じで、私が一生懸命やっているというよりは、学生さんたちが私の元気を引き出してくれているという感じです。これはお世辞でも何でもないです。

それがあるから続けられるのであって、何とかかんとかやっていけているのは、学生さんたちが本当に求めてくれているから。この人たちを大事に育てなければと思わせてくれるから。いや、「育てないと」というのはちょっと失礼ですよね。「この人たちのために一生懸命やらないと私はここにいる意味がない」と思わせてくれる学生さんがたくさんいらっしゃるということです。

梅村　なるほど。やっぱりいい授業というのは、学生とともにつくるものですね。

土肥　そうですね。本当に一緒につくらせてもらっているという形が多いですね。

経済学部ヒューマンエコノミー学科准教授・内藤雄太

梅村　今度は、経済学部の内藤雄太先生です。内藤先生は、2004年から経済学部にお勤めです。専門分野は「労働経済学」です。

　私の聞いたところでは、学生時代に交響楽団に所属して、フルートを吹いていらっしゃったそうですね。いかにもフルートがお似合いな感じです。今もそのフルートは、たしなまれるんですか。

内藤　吹きたいんですけれども、ちょっと時間がなくてやっていません。

梅村　ところで内藤先生にも、好きな学生と嫌いな学生っているはずですね。この学生には教えたいな、という学生もいれば、逆に、顔をみるのも嫌だなという学生だっていると思うんです。先生にとって嫌な学生、教えたくない学生、逆に、好きな学生、教えたい学生というのは、どんなタイプの学生ですか。

内藤　基本的にはやはり、どんな学生であろうと、同じ態度で接するというのが教師としての責務、責任だというふうに考えています。だからそういう問いは考えないようにしています。突き詰めた上で対応するというのが本物なんでしょうけど。

　ただ、私自身が不器用な人間ですので、1つのことにはまったら、容易に抜けられず、コミットし続けます。だから、主体的に関与し続けるという姿勢の人は好きです。逆に、言い訳をして逃げている人は、やっぱり嫌だなと思います。学生でも、何か言い訳を見つけて逃げようとする、そういう学生に対しては怒ります。

梅村　なるほど。答えにくい質問をしたようで申し訳ありません。

　これもちょっときわどい質問なんですが、大学の先生という仕事は、移籍すること、つまりほかの大学に移ることが半ば公認されています。ステップアップして、いい大学に移っていくことがいいことだとされていますね。だから、研究業績をあげて、今よりもっといい環境を求めて、ほかの大学に移っていくということは、決して悪いことじゃない。

　実際に私も、この追手門学院大学は2つ目の大学なんですね。内藤先生もあわよくば、もっといい大学に移籍したい、なんてお考えになったことはありますか。

内藤　移籍したいと思ったことは、まだないです。専門が経済学なので、そちらのほうにちょっと引き付けて考えてみたいんですけれども、経済学では、より付加価値を高くできるところに働き手は移動する、いい働き手を引き付けられるような経営者がいいんだと、そういう話になるわけです。だからどんどん移動することは、経済全体、世の中にとってもいいことなんだという考え方が一方であるんです。ただ、先ほどの研究の話とも関わるんですけれども、経済学の教科書がいうように、移動することばかりがいいことではないと思うんです。ひとところにとどまって、ずっと物事に取り組み続けるというのも大事なことで、それは経済でいう生産性とか、効率とかという観点からみても重要なことだと考えています。だから、追手門にとどまり続けて頑張るということは、それはそれで価値のあることだと考えています。

梅村　なるほど。それでは、内藤先生は、なぜ、よりによって、この追手門にとどまって教員を続けていらっしゃるんでしょうか。

内藤　最初はやはり縁です。たまたまいい話があって、追手門に来ました。選択の余地はありませんでした。でも続けているのはそれだけじゃありません。「この人たちと一緒に仕事をできてうれしいな」と思う瞬間があるからなんですね。

　もちろん、先ほど言ったように、人に対する個人的な好悪はありますから、嫌な思いをすることもあります。でも、目立たないところで、こつこつ、こつこつ、ずっと1つのことを考え続けている教員、いろいろなことを考えて地味に頑張っている職員、そういう人たちがいて、今の自分はある、追手門学院大学はまわっている、そしてこの目立たない仕事は実はとても大事なんだ、そういうことを悟る瞬間というのがあるんですね。そういうときに、あ、やっぱりここにいてよかったなって思うことがあるんです。

それから、毎年、「この学生を喜ばせたいな」と思うような学生に出会うんです。たとえば、5、6年前でしょうか、鉄工所の3代目できかん坊の学生がいたんです。高校のときにちょっといざこざを起こしちゃって、不本意な思いで追手門に来た学生だったんです。彼とは下級生のときから付き合いがあって、やがて私のゼミ生になって、卒業していったんですが、最後のときに、「追手門に来てよかったな」って言ったんですね。そういう瞬間に、私は根がボンボンですから、そういうけんかを売ってくるような学生とは、本来うまく折り合えないかもしれないと思いつつも、必死に付き合ってよかったな、ああ、やっぱり追手門で先生をしていてよかったな、と思ったんです。追手門の学生は、なかにはケンカを売ってくる学生もいますけど、やはり根がすごく優しい。そういうところが付き合っているとわかるんですよね。そういう積み重ねがあって、今、教員をやっているんだな、と思っています。

梅村　ありがとうございました。

社会学部教授、地域文化創造機構機構長・山本博史

梅村　次は、社会学部の山本博史先生です。山本先生は、1985年から追手門にお勤めです。専門分野は、「哲学・哲学史」ですね。難しそうですね。どんな学問でしょう。

山本先生は、「身近な現実から哲学することが大切だ」とよくおっしゃいます。この身近な現実から哲学するとは、どういうことでしょう。

山本　追手門に勤めて28年目になりますけども、若い頃は、難しいことを難しく言っていた。もう最悪の教師だったんです。だからなかなかわかってもらえない。どうしたらいいんだろうかと悩み、授業を改善することを考えました。ある年に、教室で教育哲学絡みの話をしたら、学生がずいぶん聞いてくれたんです。それ以来、抽象的、観念的にではなく、もっと身近なことをテーマに話したら聞いてくれるんじゃないかと思って、どんどんスタイルを変えていきました。たとえば、食べるってどういうことなんだろうかとか、学ぶってどういうことなんだろうかとか、遊ぶってどういうことなんだろうかということを哲学で授業をしようと。

ソクラテスは、プラトンの著作の中で、人には、単に生きることではなくて、善く生きることが大事なんだと言っています。その〝善さ〟というのは、いったいどこにあるんだろう。生きるというのは現実の問題です。その現実の中で考えようとしたら、必然的に身近な現実から考えざるを得ないんじゃないかと、最近思っています。

梅村　みなさん、わかりましたか。いかがでしょう。やっぱり難しいでしょうか。

今度は2つ目の質問です。山本先生は、今、地域文化創造機構という新しい組織の機構長をしていらっしゃいます。この地域文化創造機構について、紹介していただけないでしょうか。

山本　どんな地域にも、当然、文化がもともとあるわけですから、それを無理やりつくるというのは非常におこがましいことです。各地域がもともともつ文化の魅力を、再発見することこそ大事です。たとえば、地域文化創造機構では、10月に「茨木童子」という新作狂言の上演を計画していますが、「茨木童子」とは、もともと茨木地域に伝承されてきたものです。それを狂言という形で再創造していく。このように、伝統に根ざして地域の新しい文化をつくり、大学が地域に貢献していくことを目指しているのです。

梅村　地域文化創造機構では、そうした地域貢献を、学生さんの力を借りて、プロジェクトやイベントの形で進めていきたいとお考えだそうですね。

山本　はい。茨木市民の方たちには、追手門の学生にもっと茨木市街へ出てきてもらって、一緒にいろんなことをやってほしいという思いがあります。たとえば、茨木市の観光協会の出版している冊子の編集に、学生さんに入ってもらうことを呼び掛けています。編集作業に携わることで、茨木市の歴史を再発見してほしいと、地元の方々は追手門の学生に期待しているのです

梅村　なるほど。「未来を語ろうモトイバアートツアー2013」というポスターもみたことがあります。

山本　スクールバスで阪急茨木市駅方面に帰るときに、バスの左手に緑地帯が見えます。あそこは、実は元茨木川だったんです。川を埋め立てた緑地帯なのです。その魅力を学生さんに発見してほしいと思っています。東京の吉祥寺とか、井の頭公園とかでは、休みの日になると、演奏会とかコンサートとかいろいろなイベントが行われています。元茨木川緑地をそんな市民に開かれた場所にしたいという思いでやっています。

梅村　「宙《そら》いもプロジェクト学生サポーター募集」のチラシもよく見かけますね。

山本　これも市民活動団体からの依頼でやっています。茨木には、実は名産がほとんどないんです。昔

は寒天を山手のほうでつくっていましたが、今はもうありません。ただ、サツマイモが隠れた名産なんです。このサツマイモを市民の手で植えて、小さな子供を畑に連れていって観察会をしたり、収穫祭をしたりして、みんなで農業体験をしてみようという企画です。洋菓子店に、できあがったおイモを使った、新しいスイーツをつくってもらうという取り組みもやっています。ぜひ学生さんにも入ってもらいたいと思っています。

梅村　これは最近貼り出されましたね。「陸前高田うごく七夕まつり・川原祭組　支援プロジェクト　ボランティア学生募集」、これは何でしょう。

山本　東日本大震災で、陸前高田市の市街地はほとんど壊滅しました。地元の七夕祭の祭組のひとつに、川原祭組というのがあります。その祭組の支援のために、昨年13人の学生と15時間バスに乗って、陸前高田市に行ってきました。最初は土台しかなかったんですが、最後は6トンの山車を完成させて、祭り当日はみんなで曳き回すお手伝いをしました。この祭りは、現地の祭組の人たちの力だけではできません。だから、地元の力だけで運営できるようになるまでの間、私たちが支えていこうという活動です。ボランティア学生は、6月30日まで募集しておりますので、行ってみたいという人は、ぜひ私のメールアドレスに連絡してください。

梅村　地域文化創造機構には、このように学生さんの力を借りて行うプロジェクト、イベントがたくさんあります。ぜひともみなさん、参画してください。

それでは最後の質問です。追手門の学生には、大学に帰属感を抱けない人が少なくないようです。山本先生は、追手門の教員であることに自尊感情とか、満足感とかという気持ちを抱いていらっしゃいますか。

山本　ほかの先生方もそうだと思いますが、僕もたまたま追手門へ来ました。実は、私の前任者が定年退職で辞めたあとには、僕ではなくて別の先生が来ることになっていたんです。ところが、その先生が別の大学に行くということになって、穴が開いた。その欠員に予定されていた先生がまた来られなくなった。そこにたまたま赴任したんです。いわば偶然から始まった勤め先なんです。もちろん、長くいますので、ものすごく愛着はあります。とにかく追手門をよくしたいし、学院全体をよくしたいという思いがずっとあります。

途中で1回抜けようとしたこともあります。某大学に移籍の話があったときに、奥さんに「こんな話があるんだけど」と言ったら、「給料はどんだけ下がるの」って。「いや、ちょっと言いにくいんだけど、300万円ぐらい下がるらしい」「どうしても行きたいんやったら、土下座してからにしてください」「わかりました」ということでそれで移る話はやめになりました。それ以来、ずっとここにいるわけです。

追手門に骨をうずめることを決めたときから、子供は必ず追手門に入れようと思って、高校は追手門学院高校に通わせました。なぜそこまでと言われても、それはもう追手門が好きだから、追手門をよくしたいと思うから、としか言えません。この学院をずっと存続させたいという思いからです。

梅村　はい、ありがとうございました。率直に本音を語ってくださってありがとうございます。

経営学部経営学科准教授、一貫連携教育機構副機構長・水野浩児

梅村　次は、経営学部の水野浩児先生です。水野先生は、この学校でいちばん有名な先生と言ってもいいですね。

水野　ありがとうございます。有名な水野でございます。今日、何が起こるのですか。まったく打ち合わせがなかったので、ちょっとドキドキしています。

梅村　だって、水野先生は、ラジオのパーソナリティを務めていらっしゃる方なので……。

水野　いや、聞かれる側というのはあまりないので、緊張しています。でも、楽しみですね。

梅村　いつも聞く側なんですね。

水野　ラジオでは、いつも私がゲストを迎えて、「梅村先生の取り組みは素晴らしいですね」などと言いながら、1時間しゃべっている番組なんです。

梅村　水野先生は、追手門に赴任される以前、15年間、銀行にお勤めだったそうですね。そして、2006年から、追手門学院大学の経営学部にお勤めですね。ご専門は、「民法」。それから、「租税法」ですよね。私は、水野先生ほど、学生から熱烈に支持されている先生って知らないんですね。先生の学生指導のモットーというのは何でしょう。お聞かせ願えますか。

水野　私のモットーというのは、情熱的に進むことなんです。銀行員のときに、自分の無力を痛感するできごとがあったんです。銀行員時代は、順調に出世街道を進んでいたと思います。そのまま行っていたら、もう間違いなく出世はしていたような気がします。若いときから、中間管理職もやってましたからね。

梅村　支店長補佐をしていらっしゃったんですよね。

水野　まあ、そんな感じのことをやっていました。係長の次の段階まで、一般の企業では課長みたいなことをやっていたんです、35歳ぐらいのときでした。
　ある年に、新入社員が5人、私の部下に配属されたときに、5人のうち2人が早々に辞めてしまったんです。わずか1年で。そのときに、自分の無力を感じましたね。入ってきた若手を、どんな組織の中でもやっていけるように、きっちりと指導してやるほうが、ハッピーかなと思ったんですね。でも、できなかった。上司は私に怒ってくる。私が部下に怒ると部下は悲しんでいる。中間管理職を経験したことで、組織の難しさが身にしみました。そのような経験から、学生には、難しい組織で活躍できる人材になって欲しいと強く思っています。だから、私のモットーというのは、学生にありったけの情熱を捧げて、社会に出て役立つような人材にすること、そういう感じです。

梅村　いやあ、すてきな先生ですね。こんなゼミに入った学生は幸せですよ。
　じゃあ、次の質問です。水野先生は法律の専門家であると同時に、もう1つ、サッカーの指導者というお顔もおもちでしょう。今も授業が終わると、すぐにグラウンドに駆けていかれますね。

水野　そうですね。時間を見つけて、朝練にも行っています。

梅村　そんな水野先生とサッカーとの出会いということをお聞きしたいですね。

水野　実は私、はっきり言いますとサッカーは素人です。銀行のクラブチームでずっと長距離を走っていたんですよ。あることがきっかけでサッカーの指導者資格をとり、研究を続けてきました。特に体の使い方に興味があり、ずっとフィジカルコーチになることを意識していました。
　僕自身は、サッカーを、あくまでスポーツの1つとしかとらえていないんです。体はちょっとした使い方によって変化する。ある意味、サッカー素人のほうが気付きが多いと感じました。サッカーとの出会いについてですが、実は大学生のときに、僕はある厳しい体育会系のクラブを途中で辞めたんですよ。そのときのやり切れない思いをいつか晴らしたい、失った自分を取り返したいと思っていました。大学教員になってその願いがかなったんです。だから、ある意味では、サッカーとの出会いは追手門に来たときかもしれませんね。

偶然にも追手門に来る前にサッカーの公認指導者資格をとっていたことは大きかったと思いますが、最初は不安だらけでした。ただ、今では教えることに自分なりの自信も出てきました。

梅村　そうですか。

水野　そういうことで、明確なサッカーとの出会いははっきりしません。ただ、追手門の学生と近くにいたい思いが、サッカーとの結び付きを強くしたと思います。

サッカー選手というのは、上手にプレーすることしか考えていない人が多いですね。特に学生はそうです。でも、実は体のケアから入らないとだめなんです。体の使い方を意識すれば必ず飛躍する。だから、人と違う角度で自分のスキルを高めてきました。たとえば、その人が日本一の大学サッカーの指導者と聞けば、必ず会いにいって実際に指導を受ける。プライドを捨てて「教えてください」と頼みに行くのです。そうすれば、教えてくれるんです。「僕は素人ですから」と言って、聞きに行くと、相手は隠すことなく自分の成功の秘訣を教えてくれる。こっちは真っ白な状態だからどんどん吸収できる。それを10年やったら、プロの感覚が身に付いてきました。

梅村　なるほど。いい決まり文句ですね、「素人ですから」っていうのは。

水野　そうです。「私は何もわかりませんから」と言ったら、相手は素直に教えてくれる。けど、「俺はすごいねん」って言ったら、教えてくれない。その作戦で10年やってきたら、最近は、「素人ですから」と言うても、以前のように素直には教えてもらえなくなりました。

梅村　なるほど。その素人が追手門学院とガンバ大阪を結び付けたんですよね。

水野　これも偶然だったんですよね。それはごみ分別のボランティアが突破口でした。私は関西学生サッカー連盟の理事をしていて、あるイベントの懇親会で、たまたま隣に座っていたガンバ大阪のやり手の方と知り合いになったんです。そのときにガンバ大阪が、エコに興味があるということを知りました。私は偶然にも、前の年まで、毎日放送の仕事の関係で、オーサカキングのエコ活動の運営にゼミ生とかかわっていました。ガンバ大阪のそのやり手の方は、オーサカキングのエコ活動を、実は私のゼミ生がやっていたと聞いてびっくりなさったんです。そこからガンバ大阪と私のエコ活動がつながったんです。偶然というか、奇跡のような出会いでしたね。

梅村　そんな偶然だったんですか。

水野　学生のおかげなんです。僕のおかげではまったくない。単に隣に座ったガンバさんが、エコの話を言うてきてくれたという奇跡のようなタイミング。それだけなんです。

梅村　私も初めて聞きましたね。

水野　偶然を引き寄せる何かがあったのかもしれません。

梅村　なるほど。みなさんも縁を大事にしてくださいね。

水野　そう、縁は大事ですよ、本当にね。

梅村　さあ、今度は3番目の質問です。学生時代に身に付けておくべきキャリア。水野先生はゼミの指導が徹底しているから、ゼミ生は真っ先に、すごくいい就職先を決めていきますね。水野先生の薫陶を受けた学生というのは非常に伸びる。社会人の基礎力をしっかり身に付けて、追手門を卒業していくという印象があります。そこでお聞きしますが、水野先生は、学生時代に、ぜひとも身に付けておかなければならないキャリアって何だと思いますか。

水野　たしかに、僕のゼミの就職率は100%です。でも、就職するだけなら簡単なんですよ。難しいことは働き続けることであり、職場で活躍することなんですよ。どうしたら働き続けられるか、活躍することができるかを考えることです。

まず、挨拶から始まりますね。上司・先輩に愛されることが大事なんです。それが仕事をする基本ですね。僕はいつも卒業するゼミ生に、仕事に対して3つの約束をしてもらいます。

1つ目は、絶対に誰よりも早く行け。そうすれば、みんなの行動が見えるから。

2つ目は、お局さんに絶対好かれろと。絶対、職場には主がいるんですよ。その人に、「すみません、水野です。よろしくお願いします」と言うて、その人が「うん」と言うまで、その人に徹底的に挨拶しに行け。

3つ目は、しょうもないことほど、必死でやること。「おい、水野。ジュース買うてきてくれ」と命じられれば、「わかりました!」と言って、必死で走って、「はい、買ってきました!」と言ったら「お、おまえ、早いな」と言われるでしょう。それが3回くらい続いたら、「おまえ、仕事できるな」に変わっていますから。

つまり、仕事とは何かということを強く考え抜くんです。僕は、さっき銀行で管理職になれたと言いましたけど、何ができたかと言ったら、レスポンスの速さと素直さだけです。もちろん、基本的な勉強はしたし、営業成績もよかったけど、それは誰でもすることですからね。ちょっと極端な言い方ですけど、素直でレスポンスが速かったから、チャンスがもらえたということなんです。

たとえばあるプロジェクトに携わり、上司から信頼され、我慢強いと思われていれば、「水野にこれをやらせろ、水野は遅刻せえへんから、こいつにやらせろ」と、なりますよね。だから15年間、一度も遅刻も欠席していないんですよ。だから、身に付けておくべきキャリアというのは、明るさと元気さ、あと我慢強さ、これだと思いますね。

卒業したゼミ生で会社を辞めた人は当然いますが離職率はとても低いと思います。でも、多分フリーターはいないと思います。これが僕のいちばんの気を付けていることなんです。

梅村　なるほどね。参考になりますね。挨拶をするとか、レスポンスを速くするとか。さあ、では最後の質問です。水野先生はどうして熱い思いを追手門に注ぎ続けることができるのでしょうか。お願いします。

水野　誤解をおそれず言うと、ほかの大学には行かないと決意したことで、ですね。一般的に、大学の先生って、研究業績を積んで、ほかの大学から招聘されることがキャリアアップとして評価されることは、よくあることなんです。しかし、僕は、ある日、「それはできへんな」と思ったんですよ。だから、サッカー部の顧問になったんですよ。

つまり、「俺もこの大学は辞めへんから」という約束を、学生たちと潜在的にしたような気がしたからです。だから、どんなよい大学からオファーが来ても、ここを辞めんとこうと思っているんです。僕を必要とする学生がいるのに、もし出ていったら、学生を見捨てるような気持ちになりそうです。結局、どうして熱い思いを追手門に注ぎ続けることができるかと言うと、〝腹をくった〟ということでしょうね。

梅村　腹をくくるですか。

水野　はい。そういう意味では、一応腹をくくりました。やっぱり自分の職場だからです。つぶれたら困るからなんですよ。それが、大学のため、学生のため、みなさんのためになるからということです。とにかく、腹をくくって一緒に頑張っていこうという思いを共有したい。

梅村　なるほど。〝腹をくくる〟というのは、すごくいいフレーズですね。追手門には、不本意入学とか、偶然入学とかの学生が多いから、もう腹をくくって、ここで頑張る。そういう腹のくくり方って大事かもしれませんね。

経営学部マーケティング学科教授・池田信寛

みなさん、こんにちは。お話ししたいことは3つあります。

1つ目は、なぜ、ここで働いているかということですけども、私の研究、あるいは研究業績に関して、非常にきちっと評価していただいているからということです。評価がしっかりしているということはとても大事です。私たちは社会的な生き物ですから、自分の居場所がきちっとあるということはすごく大事なことです。本学の「独立自彊・社会有為」という姿勢は、私のポリシーと重なっています。学会などの流行とは一定の距離を保ちながら、自分が大切だと思うことを一歩一歩進めていく、そして、そこからわかったことを、しっかりと社会に還元するということです。

2つ目はお金の話です。お金はやはり必要です。低くても、高くても人生を誤ることが多いです。自分の能力にきちんと合った報酬というのは、前向きに健全に働いていく上で必要です。過小評価もされず過大評価もされない、自分の身の丈に合った見返りは、生活のためだけではなく自尊心とやる気につながっていきます。

3つ目ですが、みなさん、「人生の目的は？」と聞かれると、何と答えるでしょうか。さまざまな意見があると思いますし、また、よくわからないという人も多いでしょう。私は、「日々、機嫌よく過ごすこと」いうことが人生のモットーです。この大学には、同僚の先生方、あるいは職員の方、そして学生のみなさん、機嫌のいい方が非常に多いです。非常に気持ちよく講義や挨拶、お付き合いができますので、とても機嫌よく毎日が暮らせます。もちろん、私自身も機嫌よくあろうと努めています。どうすれば、日々機嫌よく暮らせるか。それは、常に「頭を耕す」ということです。英語には、「cultivated」という言葉がありますが、日本語にすると「よく耕された」という意味です。そこから転じて「教養のある」という意味になります。私たちは、生まれた時の頭と心の中は、まだ耕されていない荒地のようなものです。そこにいい作物を育てようとすれば、耕し、肥料をやり、種を植え、水と太陽を与える必要があります。そうすることで、日々出てくるさまざまな問題を、先入観や偏見なく、適切に解決できる力が付きます。本を読むことに始まって、旅行することやいろいろな人と付き合うことで見聞を広め、たくさんの体験や経験から学んでください。「よく耕された頭」には「いいアイディア」が育ちます。

さて、話は変わります。ここからの話を聞けば、かなり私に親近感をもっていただけるのではないかな、と思います。

私は30年以上前に、大学入試を受けました。そのとき僕は、2つの間違いをしてしまいました。1つは、受験する学部です。本当は理系に行きたかったのですが、父親に猛反対されて、経済学部か経営学部あるいは商学部を受け、最終的に経営学部に行きました。そのときは、まったく興味のなかった学部です。

それからもう1つ、一応、第1志望には受かったのですが、それを選んだのは偏差値で行ける大学だったからです。偏差値で判断して、合格確率の高い大学を選びました。でも、実際に入ってみて、ちょっと落ち着いてくる5月辺りに、「あれ、これでよかったのかな」という気持ちになりました。毎朝、新聞をみていると、人物紹介の欄にはもっと上の大学の人たちの履歴が載っているのです。合格した気分はつかの間、強烈な劣等感に襲われました。そのときから、私はこれでいいのかなと、すごく落ち込みながら日々を過ごすようになりました。

そのときに神戸の国際会館で、劇団四季の公演『この生命誰のもの』を見に行きました。先ほど述べた「頭を耕す」ためでした。物語は、事故で首から下を動かせなくなった画家の話です。詳しい内容は申し上げませんが、言いたいところは、「あなたは自分の人生を、自分で考えて選んできたか」ということだと解釈しました。

そういう問題を突きつけられたときに、「ああ、私は学部を選ぶのも自分の意思でなかった、大学選びも偏差値で何となく決めてしまった、よく考えてみると、大事な決心というのを自分はやってこなかった」ということに愕然としました。

それで、大学を辞めようとか、編入試験を受けようとか、いろいろ悩みました。いろいろ悩んだのですが、当時たどり着いた結論は、過去のことをぐちゃぐちゃ言ってもしょうがないので、今から頑張ろうということでした。４年間、経営学を学んでみて、それでも興味が湧かなかったら、そのとき、あらためて考えようと思いました。今から思えば、結論を先に延ばしただけで、「選択」から逃げたのでしょう。でも、これまで、自分で一所懸命考えて選択してこなかった私には、そうするしかありませんでした。それで、卒業に至るわけですけども、いくつかの企業から内定をいただきました。それから大学院にも受かり、学者の道も選択肢に入ってきました。ここで初めて、自分自身で選択をしなければならないという状況に直面したのです。苦しかったです。

父親はサラリーマンだったので、商社とか、銀行マンの仕事は、何となく想像できました。でも、学者の世界というものは全然わからない。怖かったです。自分で選択することが非常に怖かった。悩みました。本当に、本当に悩んで、でも、本当は、自分の心の中で決まっていたのです、学者の道に行きたいと。

えいやっと飛び込んでみました。そこで感じたのは、「ああ、自分で決心するって、こんなに楽しいことなんだ」ということです。そして、大学院が始まりました。でも、1年経つごとに、何となく日本の勉強の仕方って違うのではないか、おかしい、おかしいって思い始めました。そこで思い立ったのは、ちょっと日本を出て、外の世界をみてみようということです。学問の本場・アメリカ、ヨーロッパへ行ってみようということでしたが、それは普通の学者の常識では考えられないやり方でした。これも1年間ぐらい悩みました。留学しているうちに皆から遅れをとるのではないか、留学していったいどうなるのだ、と。でも、私は留学を選びました。

そういうことが続いていくと、自分で決心するということに、だんだん、だんだん慣れてきました。率直に言いますと、私は自分の人生が本来行きたい路線から曲がってきたっていう感じがあります。でも、選択をし直すことによって、だんだん、だんだん本来あるべき自分の道に戻って来たという実感があります。

私が研究し、教えているマーケティングという学問は、多くの研究者の場合、ビジネスで勝った負けたに興味があるのに対して、私はそれにまったく興味はありません。けれども、人々というのは商品を買いながら、自分の欲望を満たしていく。そういう商品の動きを見ながら、「人間って、いったい何だ」というのを考える。これは哲学の問題ですけども、マーケティングを研究することで、机上の空論に終わらない、そういう人間の見方ができてきたと思います。

たとえば、私は高校生の頃、建築家になりたかったのですが、マーケティング研究でも、戦略の「設計」ということはできます。医者なりたかった部分は、会社の傷んでいる部分を「治す」ことに活かされます。外務省へ行きたかった気持ちは、国際学会などでの論文発表につながっています。30年ぐらい経って、ようやくマーケティングという学問が自分のものになってきたかなという感じがします。紆余曲折があっても、必ず自分に「成っていく」「還っていく」のだと思います。

「やりたいこと、やれること、やるべきこと」が、大学卒業後30年経って、バランスよく、今、私の中に混じっていると思います。それがこの大学で与えられているということが、非常に私の中で誇りになっています。自分で決心する、選んでいく。みなさんも、よく考えてみてください。

「なぜ私は追手門で職員をやっているのか」――職員のアイデンティティ

就職活動中の大学生にとって、大学事務職は隠れた人気職種である。追手門学院大学にも、新規採用、中途採用、いずれも求人定員の50倍を上回る履歴書が集まるとのことだ。追手門学院大学では、以前は、卒業生がそのまま母校の職員になるケースが比較的多かった。当然、彼らは学院への帰属感が強く、大学の発展を望む気持ちは人一倍大きい。したがって、とりたてて自校教育など必要としなかった。

ところが、近年は、多彩な人材が豊富に大学職員を志すようになり、追手門学院大学出身の新卒採用者は1年に1名ないし2名程度採用されるにすぎない。他大学出身者および他企業から転出した職員は、当然ながら、追手門に格別の思いを抱いているわけではないだろう。教員と同様、たまたま応募し、運よく採用された人たちである。彼らは春先の新任研修であらためて自校教育を受けることになる。

さて、第13回目の「学び論Ａ　自校教育講座」では、追手門学院大学出身の3名の職員に登壇していただいた。学生の多くは大学職員の仕事内容をほとんど知らない。学生課や教務課のように、窓口で学生に接する課員の仕事ぶりなら間近にしていても、財務課や入試課などの管理部門となると、皆目、見当もつかないのではないだろうか。そこで、登壇をお願いした職員には、まず大学職員の業務を簡単に紹介してもらい、それから、なぜ自分が母校の職員という仕事を選んだのかについて、語ってもらった。本節では、学生時代から学友会の委員長を務め、今は教務課の職員として地域連携の仕事に精を出す、矢島秀和氏との対談を収録した。

教育支援課、元 学友会委員長・矢島秀和

梅村　矢島さんは、今、「教育支援課」という部署にいらっしゃいますけれど、これは学生からみると、何をやっているんだろうという印象です。どんな仕事をしていらっしゃるんですか。

矢島　まずは、2013年1月1日に新設された「教育支援課」の業務について、簡単に紹介させていただきます。定期試験・追試験・補講に関する業務に始まり、シラバス作成、教室配当、印刷室や証明書発行機の管理、入学式、学位授与式などの業務を担当する学務係と、インターンシップやキャリア教育、資格取得講座、入学前・初年次教育などの業務を担当する学習支援・キャリア教育係、最後に、教職等資格課程や教育実習のほか、地域連携業務をつかさどる地域文化創造機構などの附置施設に関する業務を担当する教育機構支援係、以上の3係で構成されています。

梅村　たくさんありますね。一言でまとめてください。

矢島　「学生と教員をサポートする部署」、それが「教育支援課」です。

梅村　なるほど。

矢島　今、先生からお尋ねのあった「私がどんな仕事をしているのか」について、お話しさせてください。大学内のエレベーターに乗ると、学生も参加できる、市民向けの講演会やセミナーなどのチラシが多数掲示されていますよね。そのおよそ半分は、私が担当しているもので、このような地域連携に関わる業務を担当しています。

ほかに、学生のみなさんが直接関わるものとして、昨年から始まった「おうてもんジュニアキャンパス」があります。これは、課外活動のクラブやサークルに所属している学生たちが自ら先生となって、彼らの活動を地元や追手門学院小学校の子供たちに教え、体験してもらおう、というものです。今年は「夏の文化講座」と「秋の体育講座」を実施します。また、地元茨木市最大のイベントである「茨木フェスティバル」には、毎年、本学から300名もの学生が参加していますが、こうした学生団体派遣に伴う業務も担当しています。

梅村　多岐にわたって、いろいろお忙しそうですね。

次は、2つ目の質問ですけれども、矢島さんは追手門学院大学の第34期生と伺っています。どうして追手門学院大学に入学されたんでしょう。入学の動機について教えてください。

矢島　子供の頃から歴史が好きで、日本史、特に、安土桃山時代に関心がありました。とにかく大学で歴史学を学びたいと考えていたのですが、ひとつ大きなハードルがあったのです。それは、英語がまったくできないという現実でした。テストを受けても、悪いときには点数が1桁台と、そんなレベルで、わからないところはあてずっぽうでやるものですから、中学、高校と、常に成績が乱高下していました。大学入試センター試験を受けようにも、英語が必修ですから、これはもう無理だろうと。では、どうやって歴史学を学ぶことのできる大学に入学するか。そうか、論文入試があるじゃないかと。そこで、高校3年生の夏休みが始まってすぐ、国語科の担当教員がおられる進路指導室に1ヶ月もの間、通いつめ、毎日添削指導をしていただきました。その結果、花園大学と追手門学院大学の2大学から合格通知が届きました。

花園大学は自宅から自転車で約10分という近距離にあり、一方、追手門学院大学はというと、日本だけでなく、中国やインドなど、アジアの歴史や文化が幅広く学べる、というのが、それぞれの大きな魅力でした。花園と追手門のどちらに行こうかと考えたときに、ふと、自分のこれまでの人生を考えてみたのです。

実は、私は、中学、高校時代と、ものすごくおとなしくて、友だちも数人しかいないような生徒でした。授業と授業の合間の10分間の休憩がとても苦痛で、1日に何回も訪れるこの10分間を、どうやって過ごそうかと、それればかりを考えていました。そこで、思い切って、追手門学院大学のある大阪の地で、誰も私のことを知らないところで、1からキャラを変えてこれからの人生を歩みたいと思い、追手門学院大学を選択しました。

梅村　へえ。引っ込み思案で物静かな人だった?

矢島　そうなんです。

梅村　なんか全然、今と違いますよね。

矢島　まさかここまで変われるとは、思ってもみませんでした。

梅村　じゃあ、次の質問ですが、そういった自分の殻を破って、大学では学友会の委員長までしていらっしゃったんですね。それはどういうことなんでしょう。

矢島　今でもあるのかは知りませんが、入学式の直後に「学友会オリエンテーション」というのが体育館であって、当時の学友会委員長が颯爽と壇上に現れ、「学生生活は希望に満ち溢れているのだ」と、自信たっぷりに話されていたのです。この瞬間、「この人、かっこええな」と思ったのと同時に、この人のように学友会委員長になれば、自分を変えられるのではないか、と直感しました。そして、私にとってのゴールは、この人＝学友会委員長だと考えたのが、最初に委員長を志したきっかけだったと思います。

私が学友会委員長を務めたのは、2001年12月から2002年11月までの、1年間の任期でしたが、2003年4月から、それまでの通年制からセメスター制（現在の春学期・秋学期制）に移行するという時期で、課外活動団体に所属している学生が公式戦などによる授業欠席で不利益を被らないよう、当時の執行部の方々と喧々諤々交渉したのが、印象に残っています。ほかにも、学生と教員と職員とで何かひとつのことをやったらよいのではないかと考え、学友会内のすべての本部・委員会に協力を求め、今でも行われている「マナーアップキャンペーン」を始めました。

梅村　矢島さんはさらに大化けするんですよね。大学を卒業したあとに、衆議院議員の秘書になられたんですね。

矢島　そうです。

梅村　どうして衆議院議員の秘書から、母校の職員に転身されたのか。それは、どうでしょう。

矢島　学友会委員長となって、学生自治に携わらせていただいている中で、徐々に政治に興味が湧いてきました。大学卒業後は、追手門学院大学の大学院に進学したのですが、研究にほとんど手をつけないまま、全国の選挙を飛びまわっていました。保守政党から革新政党まで、市長選挙、市議会議員選挙と、すべて経験しました。

こういったことを経験している中で、やはり政治に携わる仕事に就きたいと考え、学友会委員長のときにお世話になっていた当時の学生部長に相談したのです。すると、「悪いな、矢島君。私は、政治には一切興味がないから、教務課長のところへ相談に行きなさい。彼なら政治家を何人か知っているだろうから……」と教えていただいたのです。

そこで、教務課長のところへ相談に伺ったら、「先日の衆議院議員総選挙で当選したばかりの大学の卒業生がいて、11月に開催される将軍山祭（大学祭）のホームカミング・デーに来られるから、そこに行って挨拶しておくといい。運がよければ秘書として採用してくれるかもしれない」と、助言していただきました。こうして、その衆議院議員の先生に直接お会いして、熱意をお伝えしたところ、2006年3月の大学院の修了を待って、その先生の秘書にしていただきました。

梅村　これもまたひとつのご縁ですね。

矢島　そうですね。やはり人生において、縁は大事だと思います。

梅村　そして、大学職員になられたわけですけれども、大学職員の魅力について、矢島さんはどうお考えですか？

矢島　結局、その議員の落選によって、いったんは地元の京都に帰っていたのですが、あらためて大阪での10年間を振り返ってみたとき、自分がここまで変わることができたのは、母校の追手門学院大学のお陰ではないだろうかと。その追手門学院に恩返しがしたい、そのような想いが次第に強くなり、2011年4月から母校に勤めさせていただくことになりました。追手門学院大学創立50周年記念のキャッチコピーに採用していただいた「変わるもん、おうてもん。」には、私自身がこの大学で変わることができたという感謝の念と、後輩たちも「変えたい自分があるのなら、この大学でチャレンジしてみてほしい」という願いが込められています。

大学職員の魅力は、一言でいうと、社会人に送り出す前の最後の4年間に立ち会えることでしょうか。私は地域連携の担当者なので、学生のみなさんと関わることも多いのですが、現在、学生・教員・職員の三位一体で進めているプロジェクトでも、達成感を共有するだけでなく、ともに泣いたり、笑ったり、ときには学生を叱ることもあります。そうしたことも大学職員冥利に尽きるというものです。一方、こちらも完璧な人間ではないので、「矢島さん、どういうことですか」と学生に言われて謝ることだってある。そういった人間味溢れる関係が築ける上に、それが母校の後輩なのですから、この仕事を選択して本当によかったと、心からそう思っています。

「おうてもんジュニアキャンパス」がいい例で、学生団体派遣を担当していて、学内には60団体以上のクラブやサークルがあるのに、実際に茨木市から出演依頼があるのは、片手で収まるほどの数の団体でしかない。そこで、当時の体育会と文化会の委員長に「じゃあ、こっちから発信してみない？」と提案したところ、2人とも、「じゃあ、矢島さん、一緒にやりましょう。同じようなことをやっている他大学に連れていってください」と。普段の業務の中で、これはこうしたほうがいいなと思うようなことがあれば、学生に提案してみる、そうすれば、実現できることだってある。

梅村　矢島さんにとって、追手門学院大学の魅力というのは何でしょう。

矢島　中くらいなのが魅力だと思います。偏差値も学生数も全国的にみて中くらい。けれど、こども園から大学院までの総合学園なので、結束力も強い。コンパクトにまとまっているので、やりたいことが実現しやすいと思います。

梅村　なるほど。では、後輩でもある在校生のために、成し遂げてあげたいと思っておられることはありますか。

矢島　学生が大学に在籍している4年間で、やりたいと望むことは、可能な限りすべて成し遂げてあげたいですね。

梅村　では、最後の質問です。矢島さんが大事にしている言葉をお願いします。

矢島　大学の恩師、大谷敏夫先生から卒業時に頂戴した言葉、「身を捨ててこそ浮かぶ瀬もあれ」です。

川原理事長、坂井学長をお迎えして

２０１１年7月、長らく学院の同窓会組織「山櫻会」の会長、追手門学院評議員会議長、および追手門学院理事を務めた川原俊明氏が、追手門学院の第14代目の理事長に就任した。また、２０１２年7月には、元 京都産業大学学長で、２０１２年6月から追手門学院長だった坂井東洋男氏が、理事会の決議を経て、第11代目の学長に着任した。お二人は、自校教育に並々ならぬ関心をおもちである。とりわけ、ご自身が小学校から高等学校までを、追手門の学び舎で過ごした川原理事長は、かねがねオール追手門感情の涵養を重視し、自校教育を支援してくださっている。

「学び論Ａ　自校教育講座」の掉尾を飾ったのは、このお二人だった。

教室の机を撤去し、円形のスペースをつくり、川原理事長と坂井学長を囲んで、学生との率直な意見交換、対話集会を企画した。学園紛争が華やかなりし頃の対話集会なら、野次も怒号も飛び交うところだが、現今の学生はいたって物静かで、たとえ異見があっても挙手すらしないだろう。そこで、一計を案じた。

まず、筆者がお二人の部屋に行き、持参のビデオカメラに談話を収録した。そして、その録画をあらかじめ教室で履修生に視聴させ、質問や意見や要望を書かせた。さらにそれらを「理事長、学長への手紙」という形でまとめて、お二人にあらかじめ読んでいただき、「この質問には答えたい」「この意見は聞き捨てならない」というコメントをピックアップしていただいた。そして、当日の対話集会では、それらをスライドで映しだし、ひとつひとつ、理事長、学長に答えていただいた。すなわち対話を意図的に仕組んだわけである。学生には、「よい質問や意見とは、相手に思わず『答えたい』『ひとこと言いたい』と思わせる質問や意見である」と宣言し、手紙が授業中、読み上げられた学生には、平常点を20点加点することにした。

川原理事長、坂井学長と学生との対話集会

理事長・川原俊明、学長・坂井東洋男

梅村　では、お二方に登場していただきましょう。みなさん、拍手でお迎えしましょう（**図2・15**）。

それではまずお二人に簡単に自己紹介をお願いします。どうぞ。

川原　理事長の川原と申します。私は追手門学院の小学校、中学校、高校の卒業生で、この学院始まって以来の卒業生理事長です。同時に、弁護士稼業も並行してやっているということで、忙しい毎日を送っております。よろしくお願いいたします。

坂井　こんにちは。学長の坂井です。ちょうど学長に選ばれて1周年。去年の7月の末に学長になりました。追手門のために頑張りたいと思っています。今日は質問をたくさんいただいて、その中から7つ

図2・15　川原俊明理事長、坂井東洋男学長と学生の対話集会

選んでほしいとのことでした。全部のご質問に答えたいなと思いながら拝読しました。

梅村　本当は、質疑応答をやりたいのですが、時間が限られています。お二人のお話を聞いて、どうしても質問したいことが出てきたら、迷わずに手をあげましょう。それでは、理事長、学長と交互に、7つずつ、みなさんからの質問に答えていただきます。

それでは、まず最初に、理事長に対する質問です。ちょっと読みましょう。

「学院の理事長と弁護士と両方やっていて、よかったなということはありますか」

いかがでしょうか。

川原　先ほど言いましたように理事長と弁護士を兼ねているんですけども、もともと弁護士という仕事は、事件の紛争解決という場面で登場します。事件の発生というのは、それぞれの人の意見の対立というのが基本的な原因になって出てくるんですね。

人にはそれぞれのものの考え方の差、考え方の違いがあり

ます。このことを教育の場面できっちり理解をしていただく。互いの立場を理解し合える社会になれば、弁護士も要らなくなってしまう。私ども弁護士の仕事は紛争の解決が目的だけども、その前の段階で紛争がなくて済む、あるいは紛争を未然に防げるような、人間を育てることに教育の重要性があります。私の人生にとりましても、弁護士ということと、今、教育に仕事として携わっていることが、うまくつながっています。この意味で、私はいい立場を与えられて非常によかったなというふうに思っております。

梅村　はい、ありがとうございます。

次に今度は、坂井学長に質問です。ちょっと長いです。

「70年間、学生とは比べものにならない量の経験をしてこられた学長、本が好きとおっしゃっていましたし、今までにいろんなものや人から多くのことを吸収してこられたのだろうと、ビデオレターのお話を聞いて思いました。そんな学長に質問なのですが、大学に行かず、就職するという道もある中で、大学に進学し勉強するということはどういうことと、学長は考えておられるのか、ぜひ教えていただきたいです」

と、こういう質問です。

坂井　おそらくこの質問が出たのは、ビデオレターの中で、「私が高校を卒業して一度勤めていた」としゃべっていたからでしょうかね。

梅村　はい、おそらくは。

坂井　そうですか。私は父親が高校3年の12月に脳溢血で急死しました。私の時代は、大学進学率が多分10％にいっていませんでした。7％ぐらいです。私は子供の頃から、何かにつけて親に相談するということがありませんでした。すべて自分で決めました。これは、そういう家庭教育でした。小学校の2年のときにイヌに噛まれて、母親にそう言ったら、お前が悪いと言って、叱り飛ばされた。がばっと歯型が付いているのに。そういう経験があって、それからは親に相談しないで、全部、自分で決めてきました。

高校卒業と同時に進学するつもりでしたけれども、これは大学に行っている場合ではないというので、いったん就職しました。あまり模範的な話じゃないので言わんほうがいいんでしょうけど、私は、実は1週間研修だけを受けて、その会社を辞めました。これは自分には不向きである、やはり、大学に行こうと思い直したのです。大学に行くにあたって、予備校に行く選択肢はありませんでした。とりあえず、フリーター浪人といいますか、アルバイトをしながら受験勉強をし、また大学に通おうと思って、実は会社を辞めて働いておりました。いろんなアルバイトをしましたけれども、決して苦学という感じではなかったです。高校時代から本を読むことが好きで、身銭が入ると、古本屋をよくまわっておりました。必死になって本を読みました。やはり自分が不安なわけです。いったん社会へ出て、もう一度大学に行くために受験勉強をし直そうという境遇でしたから。自分を支える言葉を探していたんだと思います。

しかし、必死に本を読む一方では、けっこう娯楽もありました。私は京都の街中に住んでいましたが、新京極にはいろんな催しもありましたし、映画館もありました。コンサートにも行きました。だから決して、ひたすら頭を抱えて、布団をかぶって、苦しい受験勉強に耐えていたわけではなかったのです。

ただ、就職するなり、大学に行くなり、予備校に通うなり、これが普通の正規のレールだとすると、ちょっとレールから外れてしまったといろいろ悩みました。でも、ある意味では非常に強くなった。失うものは何もないというと大げさな言い方ですけれども、18の頃には、そういうふうに思いました。なぜ大学に行こうと考えたか。自分は文学をやるつもりでした。文学をやるためには、やはり時間が欲しい。モラトリアムが欲しい。これ以上話すと長くなりますが、大学の4年間、あるいは5年間、これは大変ありがたいことです。悩むというのは、これは若さの特権なんです。その時期に大いに悩んでもらいたい。そういう壁を突破することなしに人間は強くなれません。

だから、今、苦しいことがあっても、めげずに、大いにいろんなことについて考えたり、悩んだりしながら、学生生活を過ごしてもらえたら、必ずみなさんは強くなる。逃げてはいけないと思います。ちょっと話が長くなりましたけど、これでやめておきましょうか。

梅村　では、理事長に向けての2番目の質問です。

「追手門初の卒業生理事長だということですが、卒業生ならではの目線から、追手門の仕組みなどを改革、または新しい取り組みなどをされたことはありますか。あれば具体的に教えていただきたいです」

という質問です。

川原　私は最初に言いましたように、卒業生理事長です。みなさんの中から、将来の理事長が出てくるかもしれません。ぜひ頑張っていただきたいと思うんです。

私は卒業生代表という観点で、この学院の運営に関わらせていただいております。今までは一卒業生の立場で外から学院をみていました。しかし、今までの追手門学院の姿に納得はしていなかった。今もまだ納得していない。

私としては、卒業生が、この追手門学院に学んでよかった、そして追手門学院大学を卒業してよかったと思えるような大学にしたい。そして、より多くの学生のみなさんが自信をもって卒業し、胸を張って仕事に励んでいけるような、そんな母校になってもらいたいと思うんですね。

その意味で、私も、追手門学院大学を社会でもっと輝く大学にしていきたいと思っています。従来の追手門学院大学は、意外と経営が安定していました。その反面、改革ということに対して、わりとおとなしかった。でも、それでは、今からの大学は生き残れない。だから、今から大学改革ができる組織づくりをしております。

私は理事長になってすでに2年過ぎました。大学内部、学院内部で、大学改革ができる状態です。みなさんもご存じかもしれないけど、多くの大学においては、理事会と大学の執行部がぎくしゃくしている状態がわりと多いです。それがゆえに、大学改革が遅れる。そういう対立構造をなくしてしまった。現に、私とこの坂井学長は、肩を抱き合って校歌を一緒に歌い、一緒に酒を飲んでおります。まさに、理事会と大学執行部とが、連携プレーができるようになっています。

追手門学院大学の改革は、今、端を発した。つまり、スタートの地点に立ったわけです。今から加速的に、大学の改革は進む。私と坂井学長がここに座って、にこやかに話ができる今のこの状態。これが、大学改革をスタートさせる状態になったということです。

梅村　では、今度は学長に対する質問ですね。

「学長は道草を食ったとお話しされ、それは決して無駄ではなかったとおっしゃっていました。その道草は、現在の学長に欠かせない経験となったと思うのですが、その中でもつらかったことや、しんどかったことはありますか」

こういう質問です。

坂井　先ほどお話しした中にも、多分含まれていると思いますけども、人生のレールから外れた選択をしたということですね。これは大げさなように見えますけれども、若い頃は感性も敏感ですから、感じ取らなくてもいいようなことまで感じ取って、悩みの種にしてしまう、これはもうみんな一緒です。

だから、みなさんに僕が言いたいのは、自分だけが特別だというふうに思わないことです。就職活動においても、これから始まる定期試験においても、試されることは決して楽しいことではないんだけれども、これは自分を鍛えるいい機会だというふうに思っていただきたい。道草というのは、これはちょっと寄り道をするということですけれど、今でも、イギリスなんかには、「ギャップイヤー」という制度があります。日本でも、高校卒業後、大学へ入って、４年間で卒業して、社会に出るのではなくて、大学を1年でも休学して、アルバイトをしたり、インターンシップを経験したり、あるいはボランティアをしたり、いろんな活動をする。そういうまわり道によって、視野が変わる。道草というのは、今までの自分があたり前だと思っていた歩みと違った寄り道することです。そのことの意味は大きいと思います。

梅村　また似たような質問がありますので、よろしくお願いします。

さあ、どうです、何かみなさん、言いたいことはありますか。はい、どうぞ。立って言ってください。

学生Ａ　お話をありがとうございます。つらかったことや、しんどかったことについて伺いましたが、逆に心に響いたこととか、自分の中で人生の転換というか、影響されたなという言葉があれば、聞かせていただきたいなって思います。

坂井　ありがとうございます。これはフリーター浪人のときに出会った言葉ではありませんが、孔子の言葉です。孔子の言説集に『論語』という本があります。今から2500年ほど前の中国の古典です。『論語』の中には、非常に封建的というか、古めかしい言葉がいっぱいあります。

しかし、こういうのもあります。

論語は弟子との問答集なんですが、弟子があるとき孔子に「先生のおっしゃるとおりです。そのように私も実行したいと思うんだけども、なにぶん、自分には力が足りない。だから、先生のおっしゃっているようには実行できません」と言った。それに対して孔子は、「力足らざる者は中道にして廃す。今汝は画《かぎ》れり」といったのです。平たい日本語で言うと「あなたは今、自分には力が足りないと言ったけれども、力が足りない人は、やるだけのことをやって力尽きて倒れるじゃないか。道半ばで倒れてしまう。あなたは倒れていない。だから、力が足りないのか、足りているのか、わからないじゃないか。あなたは今、力が足りないのでと言ったのは、これは自分が実行しないことの言い訳にすぎません」。これは厳しい言葉だと思います。

僕は太宰治という作家に結構のめり込んでいた時期があるんですが、確か『みみづく通信』という短い小説の中にも似たような言葉が出てきます。新潟の旧制高校の生徒が、太宰の講演を聞いて、いや、僕も太宰さんのようないい作家になりたいなと思うんだけど、自分には能力、才能がないので、と言ったところ、太宰は「君は何もやっていないじゃないか。何もやっていないのに、才能がない、能力がないというのは、言い訳にすぎない」と。孔子の言葉と同じじゃなと僕は思いました。「力足らざる者は中道にして廃す。今汝は画れり」。非常に短い言葉の中にそういう意味が、全部含まれているんです。この孔子の言葉、いちばん僕には衝撃的やった。ほかにもたくさんありますが。

梅村　ありがとうございました。次に、理事長への質問です。

「僕は、追大が地域学部や理系学部を擁する大きな大学になって、いろいろな人との交流を深めたいと願っています。また、理事長は小学校入学から高等学校卒業の12年という長い間、追手門学院で過ごされたとのこと。理事長からみた追手門学院の魅力とは何でしょうか」

2つの質問が含まれていました。いかがでしょう。

川原　今、学院では、追手門学院大学の、5つある学部をさらに増やすために、新しい学部をつくっていこう、そういう試みをしています。まず、地域を活性化させる人材育成を目指す新学部をつくる試みが出ています。これは地域の文化、あるいは地域の経済の活性化を大学として取り組んでいく学部です。また、理系も含めて、毎年のように新しい学部をつくっていこうという壮大な計画を立てています。

我が追手門学院大学は、大きな勝負に打って出ています。ほかの大学に負けない、大きな力のある大学に、教育力のある大学に向かって改革していこうと方向付けています。また卒業生や在学生のみなさんも、将来、いろんなジャンルの人たちと同じ追大の仲間になります。ぜひ、母校の将来を期待していただきたいと思います。

つぎに、追手門学院の魅力について、私はどのように考えているのか。追手門のいちばんの魅力。そうですね。今まで伝統とか、歴史とかが評価されてきました。私自身は追手門学院で、同級生を含め、いい仲間に恵まれました。そういうところに、この追手門学院の魅力があるのではないかと思います。追手門学院の大学生にも、本当に魅力ある人が多い。今からますます大きく伸びていける、そういう学生さんがたくさんいます。本当に素直な人が多い。と同時に、可能性を秘めた学生がたくさんいます。そういうところこそが、我が追手門学院大学の魅力ではないかと思います。

追手門学院の建学の精神は、「独立自彊・社会有為」です。それはまさしく、個性ある、魅力ある人材を育てる、社会のリーダーとなる人を育てる教育理念です。みなさん追大生には、この教育理念を体現した人に、ぜひ成長していってもらいたいと思っています。

梅村　ありがとうございます。次に、学長に向けての質問です。

「自信をもつのは大変だと思います。私なんかはネガティブなので無理なんじゃないかなと思います。そんな人はどうやって自信をもてばよいのか。また、自分のいる場所で力の出し方がわからないし、まだ自分自身に自信がもてそうにもありません。できることからしていったらいいと思います。でも、その具体的なことがわかりません。教えてもらえるとうれしいです」

実は、坂井学長に向けて、こういう人生相談みたいな質問がほかにもたくさんありました。その中から代表的なものを1つ選びました。お願いします。

坂井　いや、この質問はものすごく大切な、また答えるのが難しい質問です。僕もそういう悩みを抱えている人がたくさんいらっしゃることは知っています。先ほど、引用した孔子の言葉ほど厳しいことじゃないにしても、たとえばですよ、自分にどんな能力があるか、どんな才能があるか、どうしたらわかるんですか。じっとしていたのではわかりません。何か行動をする中で、たとえば授業に出る、試験を受ける、あるいは先生や友だちとのやり取りの中で、「あ、自分はこの点で強みをもっているんじゃないか」ということを、おぼろげに確認するんじゃないでしょうか。

何もしないで自分の能力がわかるものではない。長所というのは相対的なものですから、じっとしていて自信ができるという、そんなもんじゃないと思います。自信がなくても行動するんです。些細なことでいいんですよ。差し迫ったこと、とりあえず目の前にあることに精いっぱい取り組む。力を尽くす。少しずつ開拓していく、それしかないと思います。自分は何者であるか、自分はどういう力をもっているか確認した上でしか、自信をもった上でしか行動できない、ということはないです。

川原　この件については、私にも質問がありました。私は一言だけ、その点について言いたい。自信がもてないことを、どうしたらいいのか。結局は、その自信という言葉そのものに答えがあります。それは自らを信じることですよ。自分を信じることですよ。そうすれば、自信というのは、そのまま付いてきます。みなさんは自信がないと言っているけども、自分自身を信じること、自分の能力を信じることをしてみてほしい。そうしたら必ず、その結果が出てくると思います。

坂井　川原理事長に関わることで言いますと、憧れをもつということも大事です。川原理事長なら吉永小百合に対する憧れ。早稲田大学に入った吉永小百合と同級生になりたいと、高校生の川原理事長は思われたそうです。それから必死に勉強された。僕が言うのはおかしいですけれども、それまではあまり勉強をなさっていなかったようなんです。つまり、憧れをもって、それを実現したいと思われた。それがきっかけになって、川原理事長は早稲田大学に入った。そして、次は弁護士になろうという憧れを抱かれて、司法試験にチャレンジした。この川原理事長の場合は、具体的な憧れや目標があるんだけれど、そういう幸運なケースってあんまりないんです。僕なんかはもう、茫漠とした、つかみどころのない生き方をしておりましたし、よくこれで野垂れ死にしなかったなというふうに思うんですけど。

ただ、言えることは、目の前のことから逃げるんじゃなくて、とにかく目いっぱい頑張ってみる。そこから何か打開されることがあるということです。必ずとは言いませんよ、必ず打開されるとは言わないけれど、そういうあがきとか、もがきの中から、自分の目標みたいなものは生まれてくる、行動の中から出てくるということです。

梅村　まだたくさん質問が残っているから、次にいきたいと思います。今度は理事長に向けての質問です。

「受験戦争にみごと勝ち残った京都大学や関関同立の、いわゆる有名大学の人たちが、受験勉強で自分の能力が伸び切ってしまったという理事長の話を聞いて、なるほどと納得したのと同時に、僕の意見は少し違うなと感じました。僕は、受験勉強と、大学に入ってからの伸びしろは違うと思っているからです。これはもちろん、追手門学院の学生にもあてはまるわけで、受験戦争に勝った負けたではなく、大学に入ってからの過ごし方が伸びしろに関係があるのではないかと思います」

さて、このご意見に対してどう思われますか。

川原　追手門学院大学のみなさんの中には、いわゆる不本意入学とかという形で入学してきた方もおられます。むしろ多くの方が不本意に思っているかもしれない。要するに、関関同立、あるいは京大、阪大の学生と比べて、みなさんは、受験勉強の段階で死に物ぐるいに、多分なっていないと思うんですね。私は、学生時代、ほんとうに勉強しませんでしたが、こと、司法試験にかけては命を懸けました。6回、いや7回目ぐらいでようやく受かったんだけれども、毎年、命を懸けていましたよ。おかげで、合格しても10年ぐらいは合格発表の時期になると落ちた夢をみていました。それぐらい命を懸けて、この司法試験を突破しました。

今、私が言いたいのは、追手門学院大学に入ってくる段階で、みなさんはそれほどに命を懸けては多分来ていないだろうということ、つまり、それだけ生き方に余裕があるんですよ。余裕があるということは、今ここで言っている伸びしろ、つまり今からの成長の幅が大きいということなんです。東大、京大に入ることに命を懸けていた人、有名大学合格だけが目標になっていた人たちとみなさんは違う。私はそれを言いたいんです。

だから、何も東大、京大、あるいは関関同立の人たちに負けているとか、そういうことを考える必要はありません。今の社会は、企業も大学名で人をとる時代ではなくなりました。要するに、人物本位なんです。ですから、どれだけ、自分が大学4年間で力を伸ばしたか、あるいは自分の能力を発揮できるような人材になったといえるか、ということが大事なんです。企業はそれをみています。4年間何をしてきたか、人物をみて人をとりたいということなんですね。

ですから、みなさんは大学に入学した段階では伸びしろがいっぱいある。そして大学の4年間で、その伸びしろをどういう形で伸ばすか。自分自身がどういう目標をもって、どれだけ頑張るか。自分をどれだけ成長させ得るか。それがなによりも大事です。

ですから、このご質問の方と、私の考えとは、あんまり変わらないと思っているんです。もし、やっぱり違うぞと言う人があったら、ご意見をいただきたいと思います。

梅村　これを書いた人は誰ですか。あとで直接、理事長とお話しになってもいいですよ。

坂井　みんな引っ込み思案ですよね。もうちょっと積極的に手をあげて。あんまり僕らばかりがしゃべるのはどうかと思うんですけど。

実は、私の前任校は京都産業大学です。京産大の学生というと、君たちはどういう印象をもっているかわからんけど、多分資質的には似たようなものです。京産大では、私は中国語、中国文学を教えていました。人数は1クラス30人くらいでしたけれども、その中のある学生は完全に落ちこぼれでした。ところが、昨年、もう50歳ぐらいになった彼に会ったときに、「いや、先生、信じてください。僕は今度、京大の博士をとります。経済でとります。社会人入試じゃありません。堂々と受験して大学院に入って、そして今度、経済学の博士号をとります」と言うんです。

いちばん自由な時間があるのは、学生時代です。人生で一度、死に物ぐるいで何かに取り組むんだったら、勉強であろうと、何であろうと、それは学生時代に勝るものはない。社会人になると、拘束される時間が多いので、何かに真剣に取り組むといっても難しくなります。高校時代に必死になって勉強して、そこで燃え尽きたということであれば、これは、あまり将来的にはいい結果にならない。でも、大学時代に何かに真剣に取り組めば、どこの大学に在籍しようが必ず活路は開けます。ただ、追手門学院大学から中央官庁の、たとえば財務省の役人になろうといったら、これはちょっと難しいかもしれない。あそこは学閥があるからです。あれは東大卒じゃないと、ほぼ無理です。だけど、それ以外だったら、総理大臣でも何でもなれます。だから、この4年間、頑張っていただきたいと思うんです。

梅村　ありがとうございました。さあ、みなさん、じゃあ、次にいきましょう。今度は、ふたたび学長に向けての質問です。

「私も自分が何をすべきで、なぜ、ここにいるのか、自分が誰なのかわかりません。あまりに怠惰な自分が苦しく、嫌になります。それでも、いつか誰かの役に立てると信じて、毎日学校に来ています。

学長はどうやって、この無意味で、何となく疲労する日々から抜け出す勇気が湧いてきましたか」
また人生相談で、すみません。

坂井　いやいや、恐縮です。僕は学生時代に元気いっぱいだったわけではありませんよ。文学青年でした。本ばっかり、しかも暗い小説ばかり読んでいましたから。元気がみなぎっている学生時代ではありませんでした。

君たちも仲のいい友人がいると思います。僕の人生の転機になったのは、高校時代の友人の一言です。彼は、僕が大学4年のときに、一言、「東洋男さん、どうするつもりや」と言ってくれた、その一言。これが僕の人生の転機になりました。僕が「いや、就職活動も何もやっていないし、大学には8年おるつもりや」と言ったら、「8年いるんやったら、大学院に行ったらどうや」と言った。僕は大学にさえも、サボってろくに行ってなかったんです。もっとも、何もやっていなかったんではない。必死になって本を読んだり、考えたりはしていました。だけど、授業にはあんまり出てなかったんだよ。あまりというか、ほとんど出ていなかった。だから、大学院に行くという発想は僕にまったくなかった。

ところが、高1のときからの友人が一言、そう助言してくれて、なるほどと思った。僕は、怠惰だけど決断だけは早い。よし、それじゃあ、大学院に行こう。もう8月でしたけども、大学院の試験を目指して、2月まで頑張りました。それなりに論文を書こうと。大学院の試験には合格したんですが、卒業できなかった。44単位残っていました。そのときに方向転換してなかったら野垂れ死にしていたかもしれないですね。以上でございます。

梅村　ありがとうございました。今度は理事長に対するコメントです。

「今、私は就活中です。やはり、関関同立といったフィルターが立ちはだかります。けど、私は人間性やコミュニケーションが、彼らより劣っている気はしません。理事長に後押しされた気がします。頑張ります」

と、こうおっしゃっています。

川原　追手門学院大学の在学生および卒業生が、関関同立に負けているかといったら、決して負けていないと私は信じています。今の大学入試の制度をみますと、確かに偏差値という観点で言えば、能力のある高い人が、関関同立に行っている場合もあるでしょう。じゃあ、全部、関関同立の人がみなさんより人間的に上かといったら、全然そんなことはない。

これは入試のひとつのからくりです。たとえば、関関同立でも、一般入試以外に、面接とか推薦とかいろんな形で入学させています。要するに偏差値というのは、一般入試の部分だけでみているのです。近年は、一般入試の比率がどんどん低くなってきています。そうすると、関関同立の学生より追手門学院大学の学生のほうが、能力が高い人が入ってきている部分もあるんです。そういう実態もぜひ理解してください。大学の名前だけで、自分は関関同立に劣っているのかな、なんて思う必要はありません。偏差値ではなく、人間性とか、コミュニケーション能力とか、そういうことこそが、まさに社会に出たときには大事なことです。関関同立とかなんとか言われるものは、入学時だけの序列です。従来は東京大学を頂点として、大学の偏差値を基準とした大学の体系が確かにありました。でも、これ自体が今、確実に崩れてきつつあります。

たとえば、最近、企業がいちばん欲しい大学生は、どこの大学出身かという問いかけがありました。

トップは秋田の国際教養大学。ここは東大よりもはるかに上でした。普通のイメージでは、東大生が全能で、何でもできるだろうと思ってしまうけれども、実態は、そうではない。いくら東大を出ていても、社会で役に立たん人もいくらでもおります。

「自分は関関同立に落ちて、追手門学院大学に来た」というような人もいるでしょう。しかし、関関同立と大学名で勝負する必要なんて、もう一切ない。私は、もう自信をもって言います。

ただ、追手門学院大学に入った以上は、先ほど坂井学長がおっしゃったように、この4年間、フルに自分の能力を磨いて卒業していってもらいたい。そうすれば、偏差値なんて全然気にすることはありません。就職の場面においても、大学名で人を採用する時代でなくなってきているのですから、まったく心配はいりません。

むしろ、大学の名前だけで学生をとろうとする企業なんて、もう伸びないです。意欲的に自分の企業で活動してくれる人材を確保しなければ、企業の命運は尽きてしまいます。みなさんには、今は人物本位の時代になっているんだということを認識し、発想の転換をして、大いに追手門学院大学で4年間頑張っていただきたいと思います。

坂井　僕は昨日の晩、夜中まで河合塾の偉いさんと酒を飲んでいたんです。少し受験業界の話も聞こうかと思って。僕はその人に「えらいもんを考え出してくれたな」といったんです。偏差値のことですよ。偏差値というのは、これは数値化されているので、客観的で絶対の基準だと思ってしまう。50と52では、圧倒的に52は優れていると。

偏差値が導入される以前から、受験指導の現場の先生は、そういう意味のことを言っていました。君には無理だとか、君は多分大丈夫だろうとか。だけど、これは一種の職人芸としての進路指導だったんです。今は偏差値が人間的な評価にまでなっている。偏差値なんて、あくまでも大学を受験するまでの予測値、参考数値でしかないのに。これからの日本社会を考えても、大変なことです。自分が偏差値46なら、52や70だった人にはもう絶対勝てないと思いこむ。頑張る気にもならない。一生、逆転できないと思っている。そうじゃないんだよ。実際には、偏差値で測れる能力というのはごく一部だし、大学に入った段階で、その評価は終わっているんです。だから、偏差値なんて、大学に入った瞬間に忘れてしまうことです。これは慰めで言っているのと全然違います。頑張れば、いくらでも新しい能力は開けるということ。

梅村　はい。熱いメッセージをありがとうございました。実は、今日（7月12日）は常任理事会の当日なのです。この授業のために、理事長と学長には、常任理事会を1時間うしろ倒しにして来ていただいているんです。そろそろ刻限が迫ってきたようです。でも、まだ質問がいくつかあります。せっかく選ばれた人のために、ちょっとだけみせておきましょう。「喫煙所を何とかしてください。たばこを吸うやつは気に入らない」。それから、「理系の科目だけではなくて、芸術学という新しい学科をつくってもらいたい」、こんな提案もありましたし、「追手門の最高の姿というのは何だとお考えになりますか」というような質問もあったんですね。

このように、答えていただきたい質問がまだまだいくつもあったんだけれども、そろそろ時間切れです。みなさんからの質問、1人だけありました。もっと多くの人と質疑応答がしたかったんだけれども、残念です。また、こういう機会を設けたいですね。今日はどうもありがとうございました。みなさん、も

う一度、お二人に大きな熱い拍手をお願いします。（満場の拍手）

坂井　芸術学じゃないけど、それに近い学部を、僕はぜひ、つくりたいと思っています。君たちが絶対喜ぶと思う、よそにない学部です。詳しく話すと、どこかの賢い大学が、「それはええな」と先につくってしまうといかんやろ。だから、情報が漏れないようにしている。君たちには直接は関係ないけれども、自分の母校として、いい大学になっているなと誇れるような学部です。追手門の学生にはもっとプライドをもってもらいたい。どうしたら自信をもち、追手門学院大学の学生であることにプライドをもてるか。

そのためには、我々が力を尽くすべきことがある。「追手門学院大学はこんなにいい大学です。こういう試みをやっています」ということを、もっと積極的に世間に発信する。そういう情報に触れれば「ああ、自分たちはいい大学にいるな」と、少しずつプライドももてるようになるでしょう。君たちは非常に素直で、おおらかでいいんです。それは非常に長所であるけど、その強みは弱みにもなる。遮二無二やるところも必要やと思います。

理事長と僕とで、みなさんと雑談する機会を必ず設けたいと思っているんです。本当は毎日でもやりたい。せめて昼の食事時にやってみたいと思っている。平素、食堂や藤棚の下に、僕は定期的に行っていますので、また話をしに来てください。今日はどうもありがとうございました。

梅村　どうもありがとうございました。

第3部

自校教育の教材作成について

山本直子

I　はじめに

追手門学院では、２００８年の創立１２０周年を機に、学院全体で本腰をあげて「自校教育」に取り組むことになり、子供から大人まで、共通に使える自校教育用教材が必要になった。２０１１年4月にはテキスト版『追手門の歩み――世紀をこえて――』、２０１２年12月には、テキスト版を底本として、マンガ版『追手門の歩み』が上梓され、さらに、２０１４年3月には、テキスト版、マンガ版の内容を踏まえて、ＤＶＤ版『追手門の歩み』が完成する。第3部では、この3種類の自校教育教材、なかでも本書と同時に世に出るＤＶＤ版『追手門の歩み』制作の経緯を中心に、裏話や雑感を交えつつ、つまびらかに語りたいと思う。

2　教材づくり

テキスト版『追手門の歩み』

当初、テキスト版とマンガ版の2種を、並行して2年で作成するという計画だった。しかし、まずストーリーが確定しなければマンガにはできない。そこで、最初の1年でテキスト版を作成し、それをもとにさらに1年半をかけてマンガ版を作成することになった。

何度かの打ち合わせを経て、次のようなコンセプトを策定した。

①学院の歴史を客観的に伝えるのみならず、それを通して伝えたいメッセージを明確にする。
②過去の歴史を踏まえて現在を考え、さらに未来に向かう指針となるものにする。
③思わずページをめくりたくなるような、わかりやすいレイアウトにする。
④対象読者を中学生以上とする。

全体は2部構成。第1部は「追手門に流れゆく『とき』——偕行社の時代から120周年を迎えて——」。学院120年の歴史を、読みやすい物語にする。第2部は、「追手門をつくった『ひと』——

学院を創り、育て、世界へ送り出した4人の男――」。学院4人のキーパーソン――高島鞆之助、片桐武一郎、八束周吉、天野利武――の人物伝とし、1部と2部の間を、各学・校・園の卒業生インタビューでつなぐという構成になった。

編集作業前の予備知識として、今までの周年史や、過去の教員、理事の方々の功績をまとめた『先賢伝記集』や追悼文集、現在、各学・校・園から出される刊行物などをすべて読んでみた。

その中で、いくつかのことに気付いた。各周年時に発刊された『年志』は、各学・校・園ごとに書かれており、担当者によって視点が異なったり、記述内容に主観が混じっていたりする。また、情報の密度も、各学・校・園によって差がある。たとえば、小学校は、学院の『年志』以外に、独自の周年史を10年ごとに作成し、そのつど、情報整理がなされているが、大手前・茨木の両中・高は3年前に出された『六十年志』が初の年史であり、小学校に比べると、情報・資料が不ぞろいな感があった。つまり、「各学・校・園ごとの歴史」はあるが、「学院としての歴史」という視点が、本学院には欠落していた。

自校教育用のテキストづくりは、各学・校・園に残されているすべての文献から、情報を拾い出してつなぎ合わせ、125年という長い時間を、「学院の歴史」というかたちで再構成するという大きな仕事である。時代によっては情報が乏しく、仮説を立てて埋めていかなければならない箇所もあったが、制作に協力してくださった幻冬舎スタッフおよびライターのご尽力で、発刊の運びとなった。

このようにしてできあがったテキスト版『追手門の歩み』は、今後、発見されるであろう歴史的事実を書き加えながら、3年から5年に一度ずつ改訂作業を続けなければならないと考えている。

マンガ版『追手門の歩み』

テキスト版をもとに、マンガ版『追手門の歩み』を作成した。今度は、対象読者を小学生まで広げた。だが、小学生と大学生では、発達段階が大きく違う。小学生の理解度に配慮はするが、あまり平易にすると大学生には幼稚なものになるため、教育漢字以外にはルビを振り、内容のレベルは落とさないことにした。

マンガ版は、4人のキーパーソンの人物伝である。歴史上の客観的事実だけを述べるのではなく、それぞれの先生方の「人となり」や、その周辺の教職員が学校や子供たちに注いだ熱い思いをを伝えることを主軸においた。読者に「みなさんは、このような願いや思いが詰まった学校に、在籍しているのだ」ということをなんとか伝えたかったのだ。

しかし、1冊に4人の人物伝を収めなければならないため、1人あたりに割けるページ数は40ページしかない。先生方のエピソード選びが、最も難しかった。また、マンガ版とはいえ、自校教育の〝教科書〟であるため、絵に偽りがあってはならない。たとえば明治時代の大阪の街なみや、洪水から街を守るために高島鞆之助が壊したという「天神橋」のかたち、数年ごとに変わる明治時代の軍服、昭和初期の人々の服装や髪型、昭和30年代のテープレコーダーや電池の形状なども、できるだけ正確に描こうと考えた。そのために映像資料や写真の収集に、何度か大学図書館に足を運んだ。レファレンス係の乾武司氏には大変お世話になった。

2012年12月、マンガ版が完成し、全学に配布した日、幼稚園の副園長から、お迎えを待ちながらマンガを広げる園児の写真を送っていただいた。難しくて小さい子には読めないだろうと思っていたので予想外の反応であり、とてもうれしい瞬間だった。

ＤＶＤ版『追手門の歩み』

コンセプトの策定

自校教育テキストシリーズ第３弾となるＤＶＤ版。これをどのようなものにするかについては、さまざまなアイデアがあり、迷うところであった。

①古い写真をスライドショーにして、ナレーション入りで歴史を説明する方法。
②マンガの静止画にアフレコを入れて、４人のキーマンの人物伝を語る方法。
③俳優による再現ドラマを撮影する映画的な方法。

これらの手法が提案されたが、いずれも決め手がなかった。近畿大学の自校学習映像『近畿大学発展史』（56分30秒）をはじめ、他校のものも参考にさせていただいたが、いずれも開学から現代までの歴史を、古写真や動画にナレーションを付けてたどった、１のタイプがほとんどで、新味に乏しかった。これでは、自校教育用映像教材というより、学校紹介ＤＶＤと大差がない。

どうしたものか、思案に暮れていたとき、小学校のアーカイブに貴重な記録フィルムが眠っていることがわかった。この映像資料を有効に活用できないか。追手門のたどった歴史を、珍しい映像とともに、体系的につづっていったらどうだろうか、というアイデアが浮かんだ。

映像制作、株式会社ポルケとの出会い

そのような映像制作を依頼できるパートナーを探していたとき、株式会社ポルケに出会ったのである。ポルケは、『学問と情熱シリーズ』（紀伊国屋書店刊）の映像制作を請け負う専門家集団である。なかでも、シリーズ第32巻『大正自由教育の旗手』には感銘を受けた。成蹊学園創設者・中村春二をテーマにしたＤＶＤである。中村は、明治、大正という激動の時代、子供たちの自発性・個性を尊重する教育運動が起こる中、独自の日本的な僧堂教育に基づく教育理念を掲げた教育者である。ポルケは、しっかりした時代考証を基礎に据えて、中村の教育事業を俯瞰的に描き出していた。その仕事に惚れ込んで、さっそくポルケの制作担当者にコンタクトをとった。

大阪には、江戸時代より、懐徳堂、適塾などの学問所が生まれ、自由な学問風土が育まれてきた。本学が創設以来１２５年の長きにわたり、大阪の地にあり続けたということは、こうした学問風土の中で、その時々に大阪の人々から必要とされてきたからに違いない。そのニーズとはいったい何だったのか。大阪人士にとって、追手門学院という学校はどのような存在であったのか。その答えを、大阪の教育史の流れや、大阪という街の歴史・文化の中から見出していこう。ポルケとの度重なるすり合わせの中で、少しずつコンセプトが研ぎ澄まされていく思いだった。

このコンセプトのもと、制作プロデューサーの塩崎健太氏、ディレクターの小倉康徳氏とともに、大阪の識者への聞き取り調査や、教育史、文化、歴史に関する文献調査を行うことになった。

聞き取り調査、文献調査

まず、桃山学院史料室・西口忠氏のもとに伺い、明治時代から現代までの教育制度の転換点と、その狙い、そして制度転換によって教育現場はどう変わらざるを得なかったのか、ということについてヒアリングを行った。また同時に、昔の図書館・書庫を改装した史料室も見学させていただいた。

5〜6名のスタッフが常駐しておられ、紙ベースの史料やタイプライター校名板などの物品が、時代やジャンル別に整然と並んでいた。本学では残念ながらアーカイブという視点があまりなく、新校舎建築などの折に貴重な史料がゴミとして廃棄されたり、周年史編纂後、収集した写真や史料などが散逸してしまったりしている。記念資料の蓄積、整理の必要性を痛感した。

ついで、大阪大学招聘教授で本学客員教授の高島幸次氏に、独自の経済・文化を発展させてきた大阪の町人たちが、学問と知識を重んじた背景、および、時代の移り変わりの中で、庶民の生活がどのように変わっていったのか、などについてお話を伺った。

また、大阪大学大学院文学研究科「懐徳堂センター」教授の湯浅邦弘氏にも伺い、懐徳堂や適塾といった私塾が大阪の地に生まれた背景についても話を聞いた。

ポルケの塩崎・小倉両氏は、実に研究熱心な仕事ぶりだった。たとえば、創設者・高島鞆之助を育んだ郷中教育について知るために鹿児島に飛び、維新館や黎明館で調査をすると、翌日には、志学館大学・原口泉先生のもとを訪ねて聞き取り調査、さらに米軍が記録した大阪空襲のフィルムを所有している方がおられるという情報を掴むと、その方のところへ赴いて、かなりの本数のフィルムの中から、本当に上空から撮影された大阪偕行社附属小学校の映像を探しあててしまった。また、明治時代の学校制度がわかると聞き、京都市学校歴史博物館に出かけたり、茨木キャンパスの全景を撮るべく京大の地震観測所へ赴き撮影許可を得たり、川から大手前の全景を撮るべく船をチャーターして撮影したり、小学校記念資料室奥の倉庫にこもり、一点ずつ資料調査をしたりと、ＤＶＤ制作のために努力を惜しまなかった。

過去の映像の掘り起こし――学院内のフィルム調査

このような聞き取り調査や文献調査と同時に、学院内にどれだけの古いフィルムが現存するかの調査を行った。手始めに小学校・教学工学室に伺い、古い映像資料を見せていただくことにした。

小学校では、８ミリ、16ミリなどの古いフィルムを、さまざまな機会にＶＨＳ化、ＤＶＤ化している。古いものでは、昭和初期に学習院から本学に転校してこられた、朝鮮王朝最後の皇太子の次男・李殿下の登校を、児童たちが敬礼をして迎える映像や、軍服を着て馬に乗り、小学校周辺を闊歩する将校の映像などがある。明治から太平洋戦争にかけて、大手前キャンパス周辺には多数の軍の施設があったことを窺わせるものである。軍服姿の元帥・東郷平八郎が、高島鞆之助の自宅に戦勝報告に行った際の映像も残されていた。わずか数秒ほどの動画であるが、着物姿の高島がタバコをくゆらせる姿も映り込んでいた。おそらく創設者の動画は、これのみであろう。

そのほかにも、戦争疎開中の子供たちの映像や、実戦さながらに発炎筒を焚きながら、ほふく前進をする戦時中の運動会のフィルムなども残されていた。また、卒業生から古いフィルムが寄付されることもあったようだ。

思いがけない発見もあった。昭和30年代の授業風景や、卒業式の映像をみていたときのことである。そのフィルムは、1人の男子児童に焦点が当てられているのだが、何だか見覚えがある男の子だ。しばらく見続けていると「丈人くんの卒業式」の文字が表れた。偶然にもテキスト版『追手門の歩み』作成の際に、卒業生インタビューに応じてくださった、国連大使・元 財務省参与の原丈人氏の小学校時代の姿であった。後日、ご本人に確認すると、当時、お父様が8ミリで撮影し、小学校に寄付したものではないかとのことだった。原氏は、50年以上経って、偶然にもご自分の子供時代に再会され、とても懐かしがっておられた。

小学校では現在、プロのカメラマンがいろいろな行事を撮影し、数部は記録用として残されている。これらは将来、貴重なアーカイブ資料となることであろう。ただ、過去の8ミリや16ミリは、編集作業の段階でマスターテープが処分されており、破棄された部分については知るすべがないのが残念である。

大手前中・高の視聴覚室の準備室奥に、長年、誰も開けないままの倉庫があり、そこに古いフィルムやテープ、約80本が眠っていた。その3分の2が、8ミリおよび16ミリのフィルムである。調査のために借り出し、大学の将軍山会館で内容を確認しようとしたが、映写機の入手が困難でうまくいかない。専門業者に依頼すれば済むことだが、DVDダビングには、10分4200円という費用がかかる。1本のフィルムに何分撮影されているかもわからないため、50~60本のフィルムをすべてDVDに焼くしかない。莫大な費用を要する。そこで、当時は将軍山会館担当であった学院志研究室調査員・横井貞弘氏が雑誌「大人の科学」のふろくで手回しの映写機をつくり、1本ずつ調査された。その結果、多くは修学旅行や遠足などの学校行事の映像であることが判明した。そのフィルムの試写の際、遠足に参加する筆者自身の高校1年生時の姿に出会い、とても驚いた。いずれにせよ、これらすべてのフィルムは貴重な映像資料なので、劣化して再生不能になる前にデータ化しなければならない。

茨木の中・高からも、文化祭や体育祭、クラス劇のVHS数本が寄せられたが、移転当時を知ることのできる古いものはなかった。幼稚園からは「おいもほり」行事を映した8ミリが届いた。

その一方残念ながら、現在に至るまで、大学の映像が収集できていない。わずか45年前にもかかわらず、開学当時の映像が、ほとんど見つからないのだ。今すでに退官された教授がスキー実習を撮影しておられたのではないかとか、などという情報は寄せられるが、なかなか発見できずもどかしい。卒業生に送る情報誌『AI』にも、古いノートや写真、映像を探している旨の記事を毎回掲載していただくが、今のところ反応がない。飽くことなく探し続け、卒業生と会う機会があるたびに声を掛け続けることが必要なのだと思われる。

また、各校・園からの映像資料に、ベータのビデオカセットが多数あったのだが、これも再生機がなくて困った。やっとお借りしたベータのビデオデッキが、カセットを早送りをしただけで壊れてしまい、修理に出しても部品がないと言われ、困惑したこともある。何とか修理をしていただき、おそるおそる残っているベータのカセットをすべてDVDに焼くという作業を行った。ベータやVHSも、いずれみることができなくなると思われるので、これらも早い機会に整備する必要がある。

現在の学院の姿――各学・校・園の撮影

（1）小学校での撮影

大正時代、第8代校長・片桐武一郎が追手門学院の教育のベースをつくられたのだが、小学校には、そのころから現在まで引き継がれている伝統的な行事がある。剣道の授業および寒稽古（今は暑中稽古）や、臨海訓練での遠泳がそれである。これらは、大正時代からの教育理念を継承する伝統行事なので、まずは、これらの行事から撮影することになった。

暑中稽古撮影日。「それで追手門の子と言えますか！」という先生のことばに、熱い体育館で慣れない防具を身につけた子供たちが、ピリッと引き締まる。「追手門の子」が何を指すのかという共通イメージが浸透していることに驚くと同時に、筆者も子供のころ、「追手門の子としての誇りをもちなさい」と言われ続けていたことを思い出した。

子供たちが素振りに汗を流しているとき、若い女性が体育館の隅で、見よう見まねで一生懸命防具を着けていた。子供たちの稽古が軌道に乗ると、ひとりの先生がそのそばに来て、防具の着け方と竹刀の握り方を指導された。その若い女性は、今年就任された小学校の先生で、授業担当でも学年担当でもないが、伝統行事を次に伝承していくために、自主的に学んでおられるのだった。「追手門の子」というイメージの浸透、それを引き継ぐ絶え間ない努力を垣間みた一瞬だった。

（2）茨木キャンパスでの撮影

茨木キャンパスから南側に徒歩10分、耳原公園（幣久良山）の小高い丘の頂上に、創設者・高島鞆之助と設置者・今井兼利の名が刻まれている記念碑がある。１８８７（明治20）年、高島鞆之助が指揮する大阪鎮台兵による展覧野外演習が行なわれたのを記念して建てられたものである。当時演習を指揮する高島鞆之助は、約80年後、この地に追手門学院の校地が広がっているということなど、思いもよらなかったことだろう。不思議な縁である。

茨木キャンパスでは、通称「だらだら坂」を登校する茨木の中学生、クラブに汗を流す高校生、「桜道」や「大階段」を行きかう大学生の姿を撮影した。お願いをすると、みな快く笑顔で撮影に協力してくれた。ＤＶＤ本編ではほんの少ししか使うことができないが、このような在校生の姿に触れられたことが、とても嬉しく、「頑張れ！　後輩たち！」とエールを送りたい気持ちでいっぱいだった。

3 ― おわりに

１８８８（明治21）年以来１２５年、幾多の危機を乗り越え、必死に理想に向かって尽力してきた教職員がいたからこそ、現在の学院がある。

在籍する園児・児童・生徒・学生のみならず、我々教職員も、先人たちから受け継いだバトンをもって追手門という競技場を走っている。次の走者にしっかりとそのバトンを渡すことが、今、現役としてそれぞれの場所にいる我々の使命なのだと思う。日頃忙しく忘れがちではあるが、このＤＶＤをみて、あらためて先人の努力、苦悩に思いを馳せ、自分の使命を思い出す。その一助になるものでありたいと願っている。

おわりに

自校教育の効用

梅村　修

全15回の「学び論A　自校教育講座」をコーディネートして、気がついたこと、考えさせられたことを、最後にいくつか書き留めておきたい。

まず、今思えば、この自校教育講座は、「学び論A」の履修生のためだけにあるのではなかった。誰よりも、登壇した教職員、学生、卒業生にとっての自校教育だった。彼らは、必ずしも過不足のないクリアな言辞で、学院の歴史や自らのアイデンティティを語ったわけではない。むしろ面食らった表情で、口ごもりつつ言葉をたぐりだす人が多かった。思えば、流暢に語れる「歴史」、はっきり語れる「自己」など、そもそも「歴史」でも「自己」でもなんでもないだろう。「学び論A」に登壇してくれた教職員、学生、卒業生の語り口には、かみしめるような重みがあった。彼らは自校について語りながら、深く自校について学んでいたのである。

また、「自校教育は、学生に深い安堵を与える」という、本著の監修者・寺﨑昌男氏の言葉をあらためてかみしめることになった。学生は筆者のコーディネートした自校教育講座を受講して、決して「満足」したわけではないだろう。なぜなら、学生は、もとより追手門学院大学に関する知識に飢えていたわけではないからだ。欲していたものが与えられたとき、初めて「満足」という感情が生まれる。だから、履修生たちは「満足」したのでなく、自分の居場所が確認できて、「安心」したのである。この感慨は、残念ながら、「学び論A」のシャイな履修生からは、ついぞ聞こえてこなかったが、彼らの胸のうちにはきっと「追手門も捨てたものじゃない、ここで頑張ろう」という前向きな気持ちが芽生えたと確信する。前向きに人生をきり拓いていこうというこうした態度、姿勢を〝キャリア〟と呼ぶのだろう。

そして、自校教育は1人の科目担当者だけではできない。みんなでつくり上げる過程で、身内の結束が著しく高まるのを筆者は経験した。日頃、会うことも語り合うこともない、教職員、学生、卒業生が、追手門学院の旗のもと、いっときでも追手門学院について語り合い、ともに考える。連帯する。筆者は、「学び論A」の1コマ1コマが終わるたびに、登壇してくれた教職員や学生と、握手したり、ハイタッチしたりして、健闘を称えあったものである。

さらに、自校教育を通して、学生に参加の意識が育つ。授業改善や教学改革、入試制度やキャリア開発について、「自分の大学をもっとよくしていこう」と思う学生が増えてくる。履修生たちに、「私たちの大学にはこんなよい面がある、だがこんな難しい問題も抱えている。だから君たちも一緒に考えてほしい、君たちもこの大学の重要な構成員であり、主人公なのだから、いっしょに追手門をいい大学にしていきましょう」と訴えることができる。こんな素晴らしい教職学の連携教育の機会は自校教育をおいてほかにない。

思いがけない発見もあった。追手門の学生は、実は〝不本意入学〟の学生ばかりではなかったのだ。むしろ「まっ、追手門でいいか」という、いわゆる〝妥協入学〟の学生が多い。それもそのはずで、履修生の半数は、一般入試ではなく、AO入試や推薦入試で入ってきた学生なのである。つまり、自分なりに、追手門を「選んで」入学してきた学生たちで、必ずしも自己肯定感に乏しいわけではない。ただ、彼らは、受験競争を経験した筆者のような旧世代の大人と違って、今までの人生で「劣等感」を感じるほどに競ってきていない。よい意味でのんびりしている。第2部「対話集会」での川原理事長の言葉を借りれば、伸びしろを温存しているともいえる。悪く言えば太平楽で子供っぽいのである。「安穏としていちゃだめだ」と彼らを鼓舞するのは大人の責務であると思う。

このように、たった1セメスターの自校教育講座は、筆者に豊かな発見や学びをもたらしてくれた。２０１５年には、「学び論Ａ　自校教育講座」は、「追手門ＵＩ論」と名前を変えて、基盤教育科目の中に位置付けられる。将来的には、全学必修科目にして、追手門学院大学に入学した学生は、必ず一度は追手門学院の歴史を学び、自らのアイデンティティを確認できるように制度を整えていきたいものだ。

1988（昭和63）年11月	学院創立100周年記念式典挙行
1995（平成7）年4月	経済学部経営学科を経営学部に改組
1999（平成11）年4月	大学院経済学研究科に経営学専攻博士後期課程を増設
2000（平成12）年4月	大学院経済学研究科に経済学専攻博士後期課程を増設
2005（平成17）年3月	地域支援心理研究センター開設
5月	宮本輝ミュージアム開設
2006（平成18）年4月	改組により心理学部・社会学部を開設。大学ベンチャービジネス研究所開設
12月	大学中央棟・６号館竣工
2007（平成19）年4月	大学国際教養学部開設
2008（平成20）年3月	中・高等学校　中・高教室棟竣工。大手前中・高等学校北館・西館・体育館および追手門学院大阪城スクエア竣工
6月	大学「将軍山会館」竣工
11月	学院創立120周年記念式典挙行
2009（平成21）年1月	小学校西館竣工
8月	大学新１号館竣工
2012（平成24）年6月	大阪梅田サテライト開設
2013（平成25）年4月	こども園開園
5月	連携考房　童子開設

追手門学院年譜（略）

1888（明治21）年4月	社団法人大阪偕行社によって「大阪偕行社附属小学校」として創設 創設者 高島鞆之助
1940（昭和15）年4月	大阪偕行社附属中学校開校
1941（昭和16）年4月	戦時体制により大阪偕行社学院と校名変更
1945（昭和20）年8月	終戦により社団法人偕行社解散
1946（昭和21）年2月 4月	錦城育英会設立 大阪偕行学園と改称
1947（昭和22）年1月 4月 11月	財団法人大手前学園設立 新学制実施により中学部を開設、男女共学校となる 財団法人追手門学院と改称
1950（昭和25）年4月	追手門学院高等学部を開校
1951（昭和26）年4月	学校法人追手門学院となる
1966（昭和41）年4月	追手門学院大学開学（経済学部経済学科、文学部心理・社会学科、イギリス・アメリカ語学文学科）
1967（昭和42）年4月 6月	高等学部大手前に一部残置し、茨木校地に移転。同時に中学部を併設し茨木学舎と称し、大手前校地の中・高等学部を大手前学舎と称す 大学オーストラリア研究所開設
1968（昭和43）年10月	学院創立80周年記念式典挙行
1969（昭和44）年4月	追手門学院幼稚園設立
1970（昭和45）年4月	教育研究所設立
1971（昭和46）年4月	大学経済学部に経営学科を増設
1973（昭和48）年4月	大学院文学研究科心理学専攻（修士課程）を開設
1975（昭和50）年4月	大学院文学研究科に社会学専攻（修士課程）を増設
1977（昭和52）年4月	大学院文学研究科に中国文化専攻（修士課程）を増設
1978（昭和53）年11月	学院創立90周年記念式典挙行
1979（昭和54）年4月	大学院経済学研究科経済学専攻（修士課程）を開設
1980（昭和55）年4月	追手門学院中学校並びに同高等学校の名称を追手門学院大手前中学校並びに同大手前高等学校と変更する 追手門学院中学校並びに同高等学校を茨木校地に認可設立
1984（昭和59）年4月	大学院文学研究科に英文学専攻（修士課程）を増設
1985（昭和60）年4月	大学院経済学研究科に経営学専攻（修士課程）を増設

（産経新聞出版、2011）所収）。学院歴史発掘や資料収集とともに理系OBの業績を集約する希望を持つ。

高本 優一（学校法人追手門学院法人事務局）
管財課にて施設・設備管理業務を担当。1991年大学第22期経済学部経済学科卒業。三崎ゼミ。在学中は体育会陸上競技部に所属し、現在顧問。しかし、仕事が忙しすぎて、クラブの面倒を見ることができず、ときどき乗るロードバイクの世界に逃避気味。

矢島 秀和（追手門学院大学教務部教育支援課）
2011年４月より学校法人追手門学院の職員となり、地域連携業務を担当。大学・大学院と追手門学院で学び、学生時代は学友会委員長として、院生時代には院生会代表として、学生自治に携わる。自ら企画立案した課外活動団体による社会貢献事業「おうてもんジュニアキャンパス」が2012年８月スタート。

杉本 恵美（追手門学院大学心理学部心理学科４回生）
大学所属の学生企画広報スタッフのリーダーとして活動。学内広報誌『BRIDGE』の企画立案・取材・記事制作を担当。学内では吹奏楽団にも所属し、幅広く活動を行っている。

浜野 匠（追手門学院大学心理学部心理学科４回生）
追手門学院大学の職員と学生とでつくるイベント『キャンドルナイト』にて、リーダーを務める。社会人目線のシビアな視点から高い目標を持ちつつ、気付きや工夫などのプロセスを大切にした団体づくりに尽力している。

難波 亮祐（追手門学院大学国際教養学部英語コミュニケーション学科３回生）
学生企画広報スタッフの一員として学内誌『BRIDGE』の作成に携わる。また、大学の交換留学プログラムにより、オーストラリアにて４ヶ月間の語学留学を体験。

和久 義忠（追手門学院大学心理学部心理学科３回生）
兵庫県立川西緑台高校卒業。学生ドリプラ大阪2012/2013実行委員長。同時に、学生団体のリーダーたちの互助組織「ユニオン関西」を立ち上げる。また、少人数で夢を語り合うイベント「YoungFlag」を企画・運営するなど、幅広く活動している。将来の夢は心理カウンセラー。

土肥　眞琴（追手門学院大学基盤教育機構准教授）
学校教育学、キャリア教育が専門。学生の自己効力感を高め、主体的に学ぶ意欲を引き出す教育プログラムの開発・実践に取り組んでいる。日本インターンシップ学会関西支部副支部長。

内藤　雄太（追手門学院大学経済学部准教授）
労働経済学・雇用システム論が専門。市場と制度の関係を理論的に追究しながら、それが雇用・賃金および人材育成に与える影響について、国際的な視野から研究している。

山本　博史（追手門学院大学社会学部教授）
西洋哲学、特にカント哲学が専門。最近は、食をめぐる問題や、上町台地の文化遺産を再発見する「上町学」などの地域学に関心の対象を広げている。現在、大学が立地する北摂を対象にした「北摂学」を構想している。

池田　信寛（追手門学院大学経営学部教授）
マーケティング戦略が専門。消費者の消費・購買行動から人間理解を深めようとしている。近年は、マーケティング論の視点から日本の伝統的な「おもてなし」の精神を分析し、企業の戦略に生かせる方法論を探っている。

水野　浩児（追手門学院大学経営学部准教授）
企業法務に関係する法律（ファイナンス、税務）が専門。大建工業株式会社社外監査役、中小企業基盤整備機構企業連携支援アドバイザー、奈良県再生支援協議会アドバイザーなども務め実務経済に精通。また、追手門学院大学サッカー部部長、関西学生サッカー連盟理事を務めスポーツ分野の指導も行う。ラジオのパーソナリティとしても活躍。

吉田　浩幸（学校法人追手門学院一貫連携教育機構学院志研究室副室長）
本学に関係する歴史資料等の発掘や創設者、初代学長等の調査研究等を行っている。学生時代は遺跡の発掘調査に明け暮れ、調査で得た収入はすべて考古学関係の書籍と発掘調査報告書の購入に充てた。それが今になってその本の多さに手を焼いている。

横井　貞弘（学校法人追手門学院一貫連携教育機構学院志研究室調査員）
大手前中高で長らく理科教諭として教鞭を執り、現在は理系の視点で調査を進めている。最近の論文に、「科学の足跡」（『上町学　再発見・古都おおさか』

学び論A「自校教育講座」登壇者紹介

川原 俊明（学校法人追手門学院理事長）
学院初の卒業生理事長。約35年の経験を誇る自称「熱血弁護士」。正義感に燃え、弁護士経験を生かし熱いハートで大胆な学院改革に取り組む。125年の伝統を踏まえ、学生に自信を与え卒業生に誇りを持たせる追手門学院を構築する。

坂井 東洋男（学校法人追手門学院学院長、追手門学院大学学長）
専門は中国語学中国文学であるが、日本近代文学の授業を担当していたこともある。趣味が高じたものであるが、文科省の認可も受けた。笑いをふくむ文学こそ長い生命を維持する。日常の営みでも笑いを心がけたい、というのがモットーである。

山本 直子（学校法人追手門学院初等中等室一貫教育課教育主事）
小・中・高と追手門学院で学び、大学卒業とともに追手門学院大手前中・高教員になる。2010年より一貫連携に携わり「追手門の歩み」テキスト版、マンガ版、DVD版などの自校教育教材の編集に携わる。

永吉 雅夫（追手門学院大学国際教養学部教授）
文学・芸能・思想の角度から近世・近代の日本文化論をテーマに研究している。最近の論文に、「「リンゴの唄」と上海の堀田善衛」（『アジアの都市と農村』（和泉書院、2013）所収）など。研究余滴として歌舞伎脚本『太閤外伝備中高松清水誉』（『アジア学科年報』第7号、2014）もある。

中村 啓佑（追手門学院大学名誉教授）
1970年10月～2011年3月在職。フランス語教育学を専門にするかたわら、日仏文化比較、異文化交流、異文化コミュニケーションなどに興味をもつ。主著に『フランス語をどのように教えるか』（駿河台出版社、1995）。NHKラジオフランス語講座応用編を数回担当。在職中の趣味は教えること、現在は水彩画。

磯貝 健一（追手門学院大学国際教養学部准教授）
16世紀から20世紀初頭までの中央アジア史、とくに、この時期現地で作成されたイスラーム法廷文書を研究している。授業では、中央アジアにかぎらず、イスラーム世界の歴史、現状につき解説している。

監修者紹介

寺﨑　昌男（てらさき　まさお）　立教学院本部調査役、東京大学・桜美林大学名誉教授、立教大学大学教育開発支援センター顧問。
1932年 福岡県生まれ。東大大学院教育学研究科修了、教育学博士、日本近代大学史・教育史専攻。立教大学、東京大学、桜美林大学院各教授を経て2003年より現職。この間、東大教育学部長、東大百年史編集委員会委員長、立大全額共通カリキュラム運営センター部長、桜美林大学教育研究所長等を歴任。日本教育学会・大学教育学会元会長。著書には『日本における大学自治制度の成立』(2001) ほか。

梅村　修（うめむら　おさむ）　追手門学院大学基盤教育機構教授。
1963年 愛知県名古屋市生まれ。慶応義塾大学文学研究科修了、文学修士、留学生教育、コミュニケーション論専攻。帝京大学講師、追手門学院大学文学部准教授を経て、2013年度より現職。この間、追手門学院大学教育研究所長、追手門学院一貫連携教育機構長などを兼職。著作には、『アート・マーケティング』〔共著〕（白桃書房、2006)、『キャラクター総論—文化・商業・知財』〔共著〕（白桃書房、2009)、『学生 FD サミット奮闘記—大学を変える、学生が変える 2：追手門 FD サミット篇』〔編著〕（ナカニシヤ出版、2013年）ほか。mail:meihua@res.otemon.ac.jp

追手門学院の自校教育

2014年2月10日初版発行
2016年4月15日第3刷発行

監修者　寺﨑　昌男・梅村　修

発行所　追手門学院大学出版会
〒567-8502
大阪府茨木市西安威 2-1-15
電話（072）641-7749
http://www.otemon.ac.jp/

発売所　丸善出版株式会社
〒101-0051
東京都千代田区神田神保町 2-17
電話（03）3512-3256
http://pub.maruzen.co.jp/

編集・制作協力　丸善雄松堂株式会社

©Masao TERASAKI, Osamu UMEMURA, 2014 Printed in Japan

組版／株式会社明昌堂
印刷・製本／大日本印刷株式会社
ISBN978-4-907574-04-8 C1037